Ulrich Wilckens
Was Christen glauben

www.fontis-verlag.com

Inhalt

Vorwort

Dieses Buch ist die Summe einer Artikelserie, die Ulrich Wilckens ein Jahr lang wöchentlich (mit wenigen Ausnahmen) zum Reformationsjahr geschrieben hat. In *Was Christen glauben* legt Wilckens die Fundamente des christlichen Glaubens dar und orientiert sich dabei an der Grundstruktur des Kirchenjahres. Der Bogen beginnt im Advent und endet mit dem Ewigkeitssonntag.

Ich danke Ulrich Wilckens für seine tiefgehenden theologischen Kommentare, die die Basis des christlichen Glaubens kurz und verständlich darlegen.

Wilckens hat eine ungewöhnliche Biografie: 1928 in Hamburg geboren, wurde er ab 1960 Professor für Neues Testament zunächst in Berlin und dann in Hamburg. Von 1981 bis zum Eintritt in den Ruhestand 1991 amtierte er als Bischof in der Nordelbischen Evangelisch-Lutherischen Kirche.

Wilckens erkrankte in seinem letzten Bischofsjahr 1990/91 lebensbedrohlich an Krebs. Als Chefredakteur der Evangelischen Nachrichtenagentur «idea» wurde ich damals bereits aufgefordert, einen Nachruf vorzubereiten.

Wider Erwarten – und wunderbarerweise! – wurde er aber gesund und änderte seine geistlich-theologische Einstellung grundlegend. So forderte er eine tiefgreifende geistliche Erneuerung seiner Kirche.

2002 erschien der erste Band seiner *Theologie des Neuen Testaments.* Darin schreibt er von seiner Umkehr.

Ich hatte ihn vor seiner Wandlung als Student vier Semester in Hamburg erlebt. Er lehrte historisch-kritisch und kam abenteuerlichen Forderungen des Sozialistischen Deutschen Studentenbundes (SDS) weit entgegen.

Ich gestehe meine damalige (ungeistliche) Haltung: Seine – so nahm ich es wahr – Anbiederei war mir mehr als ein riesengroßer Dorn im Auge.

Nach seiner Lebenswende wurde Wilckens zu einem Felsen theologischer Klarheit in der evangelischen Kirche: «Wer meint, die Bibel unseren Wünschen anpassen zu sollen, wer sich gar reformatorisch dünkt, wenn er sie für die heutige Zeit willkürlich verändert, der zerbricht das Fundament der ganzen Reformation.» Und: «Jesus ist leiblich auferstanden – und Ostern das zentrale Thema meines Lebens.»

Von wie vielen Kirchenleitern ist so etwas noch zu hören?

Kurzum: Heute bin ich ein Fan von Ulrich Wilckens!

Helmut Matthies,
Chefredakteur von «ideaSpektrum»

Zum Einstieg: Das Vaterunser

Den Inhalt dieses freudig erwarteten Buches bilden viele untereinander verschiedene Anstöße, die zu einem Verständnis und zu einer Praxis christlichen Glaubens heute in unserer Gegenwart helfen sollen, in der anscheinend ein überzeugtes Christsein rapide abnimmt. Es ist für Christen geschrieben, die mancherlei Schwierigkeiten haben, ihren Glauben wach- und durchzuhalten.

So vielfältig die Probleme sind, mit denen wir es zu tun haben, so verschiedenartig sind auch die Themen dieser Beiträge, die im Jahr des 500-jährigen Gedenkens der Reformation Woche für Woche in der Zeitschrift «ideaSpektrum» erschienen sind.

Ich habe sie aber entlang des Kirchenjahres geschrieben, in dem Christen noch ganz selbstverständlich als in einer Grundordnung ihres Jahres leben, und mich zugleich bemüht, manchem Nicht-mehr-Christen eine Anregung zu geben, gerade für diese Aspekte des «normalen» christlichen Alltags ein Verständnis zu gewinnen und möglicherweise auch ein Interesse, selbst versuchsweise damit umzugehen.

Weder den einen noch den anderen habe ich es leicht gemacht. Die Bibel, an der sich alles Christsein orientiert, ist keineswegs einfach zu verstehen und darum auch nicht leichthin in die nichtchristliche Alltagssprache zu übersetzen. Ihr Verständnis erfordert viel historisches Wissen und viel Reflexion der Weise ihres Denkens.

Dies alles setze ich hier zwar voraus, mache davon aber möglichst wenig Gebrauch und bemühe mich auch, für meine Beiträge eine möglichst einfache (wiewohl nicht simple) Sprache zu finden. Ja, ich versuche sogar Wege zu ebnen, auf denen man vom Verstehen zu einer meditativen Vertiefung gelangen kann.

Als Einstieg biete ich aber keine schwierigen Vorüberlegungen zur Methode oder gar zur Geschichte der Methode theologischen Denkens. Es ist dem Ziel dieses Buches vielmehr angemessen, mit dem Vaterunser zu beginnen, also mitten hineinzuspringen in das Zentrum christlichen Glaubens und christlicher Praxis.

Normalerweise ist dieses Gebet jedem Christen bekannt, weil es entsprechend dem Kleinen Katechismus von Martin Luther am Anfang wie am Ende eines jeden Tages gebetet wird und weil es zudem im gemeinsamen Gottesdienst seinen zentralen Platz hat. Deswegen ist es auch für Nichtchristen wohl das bekannteste Stück dessen, was sie vom Christentum kennen.

Das Vaterunser als Mitte des christlichen Glaubenslebens

Wenn einer fragt: Was ist eigentlich christlicher Glaube?, dann schlagen wir einen falschen Weg ein, wenn wir ausgehen vom

Glauben an uns selbst – oder auch nur vom Glauben als Vermutung – und von da aus auf die Existenz oder Nichtexistenz eines Gottes zurückschließen.

Glaube an Gott ist etwas ganz anderes als das, was wir uns selbst zutrauen; auch etwas anderes als religiöse Gefühle, die wir in unserer säkularen Gegenwart in der einen oder anderen Situation noch ab und zu in unserem Innern spüren.

Und ganz gewiss ist dieser Glaube nicht eine bloße Vermutung: Denn Gott ist von einem jeden von uns verschieden, ein ganz eigenes Ich gegenüber dem meinigen, ein wirklicher Partner, ein Du mit seiner eigenen Identität und mit eigener Kraft, die über die unsrige unendlich weit hinausgeht.

Nur so und nur deswegen kann Glaube im Leben eine Bedeutung haben.

Als in früheren Zeiten Könige und Kaiser die höchsten «Majestäten» waren, sprach der Glaube der Juden und Christen von ihrem Gott als «dem König der Könige», dessen Macht Allmacht ist, also über die Macht der in der Welt Herrschenden weit hinaus wirkt.

Und wenn es heute Menschen von außerordentlichem Ansehen gibt (wenn es solche überhaupt noch gibt!); oder wenn es die Technik ist, auf die man als die höchste Macht der Moderne setzen zu können (oder zu müssen) «glaubt», so sind die Weisheit Gottes und seine Vernunft unendlich mächtiger und fähiger als alle Vernunft und alles Können der Menschheit. Deshalb ist er aber auch so grenzenlos verlässlich wie keine andere Kreatur, deren Schöpfer und immer neue ganz «kontingente» Wirklichkeit das schöpferische Handeln Gottes ist.

Die Weise, wie Menschen Gott als «Du» begegnen können, ist allein das *Gebet.* Weil Gott verlässlich ist, ist unser Beten zu ihm seines Zuhörens gewiss. So gewiss, dass es unnötig und auch unsinnig wäre, in unserem Reden zu ihm offen zu lassen, ob es ihn denn wohl gibt.

Zwar kann kein Gebet Gott zu dem nötigen, worum man ihn bittet; kein Betender kann im Vorhinein wissen, wie Gott «reagieren» wird. Aber echtes Beten darf voraussetzen, dass Gott unter den vielen Millionen, die ihn gleichzeitig mit mir anrufen, meine Worte hört und *mir* zugetan ist.

Woher weiß echter Glaube das? Es gibt kein Wissen *in uns,* das notwendigerweise von Gott überzeugt sein muss, nicht einmal ein Sehnen, das auch nur zu ahnen vermöchte, dass ein Gott für uns wirklich da sei.

Es ist genau umgekehrt: Weil Gott in seiner Sprache *zu uns* redet, weil sein Wort in der Bibel jeden von uns persönlich *anspricht,* dürfen wir an ihn glauben, ihm unbedingt vertrauen und darum zu ihm beten. Es ist Gottes wunderbare Heiligkeit, auf deren absolute Wirklichkeit sich der Glaube an ihn verlassen darf. Sein Wort in den Schriften seiner menschlichen Zeugen ist es, um dessentwillen echter Glaube von der Bibel als von der «Heiligen Schrift» spricht.

Aber auch all dies könnte in dem nie ganz sicheren Spüren unseres Herzens mit einer Spur letzter Ungewissheit infrage gestellt werden, zumal wenn wir es nicht lassen können, an unserem eigenen Ich als letzter Referenz festzuhalten.

Aber auch demgegenüber ist die wirkliche Wahrheit Gottes ihrerseits begründet: in der *Gestalt Jesu,* der sich als Gottes Sohn wusste; in seiner Verkündigung der allmächtigen *Königsherrschaft* Gottes, der in aller seiner himmlischen Macht gerade für die Elenden, Armen und von anderen Ausgegrenzten und Verachteten da ist; der in seinem «Amen, *ich* sage euch» mit Gottes Ich eins ist.

Und weil Jesus schließlich ebendiese Zuwendung Gottes zu uns durch die Hingabe seiner selbst in den Tod am Kreuz für uns verwirklicht hat, ist Gott in diesem einzigartigen Menschen Jesus mitten in die Menschheit eingetreten. Und dass es Gottes allmächtige Liebe ist, die Jesus bis hin zu seinem Kreuzestod gelebt hat, hat Gott selbst darin erwiesen, dass er seinen Sohn aus dem Tod zum ewigen Leben auferweckt hat.

Darin hat Gott seine Liebe, deren Zeuge Jesus in seinem menschlichen Leben und Geschick war, zum ewig-endgültigen Sieg kommen lassen. Die Wirklichkeit der Auferweckung des am Kreuz für uns gestorbenen Jesus als Gottes Sohn ist also der letzte Grund echten Glaubens an Gott. Daran gibt es für glaubende Christen keinerlei Zweifel. Darum ist jedes Gebet zu diesem Gott Äußerung echten Glaubens an ihn.

Das ist nun auch der Grund dafür, dass ich dieses Buch mit einem Kapitel über das Vaterunser eröffne. Ist doch das Vaterunser das Gebet, das Jesus seinen Jüngern – uns – gegeben hat als das Gebet alles echten Glaubens für die Christen der Kirche aller Zeiten und zur Mitte christlichen Betens. Ein Gebet, das allen Konfessionen der immer noch getrennten

Christenheit gemeinsam ist. Man kann tatsächlich sagen: Das Vaterunser ist *das* ökumenische Gebet und ist es immer gewesen.

Kinder können es von ihren Eltern auswendig zu beten und es in der Schule zu verstehen lernen. Eltern werden es später als Großeltern so vertiefen und verinnerlichen, dass sie mit dem Vaterunser einmal getrost sterben können.

Das Vaterunser in der Gebetstradition Israels

Das Gebet Jesu steht in der reichen Gebetstradition des Judentums. Am augenfälligsten ist die Verwandtschaft mit dem Qaddisch-Gebet, jenem bekannten jüdischen Gebet, das in verschiedenen Versionen überliefert ist und vor allem Bitten um die Heiligung des Namens Gottes, das Kommen der Königsherrschaft Gottes sowie Bitten um Frieden enthält.

> Groß gemacht und geheiligt werde
> sein großer Name in der Welt,
> die er geschaffen hat nach seinem Willen.
> Er lasse seine Königsherrschaft herrschen
> in eurem Leben und in euren Tagen
> und im Leben des ganzen Hauses Israel
> in Eile und in naher Zeit.

Im Gottesdienst des Versöhnungsfestes Jom Kippur lautet die Antwort der Gemeinde auf die ihr zugesprochene Vergebung der Jahressünden: «Gepriesen sei der herrliche Name seiner Königsherrschaft für immer und ewig!»

Den alttestamentlichen Hintergrund des Vaterunsers kann man unter anderem an folgenden Stellen erkennen:

In 3. Mose 22,31f. sagt Gott: «Haltet meine Gebote und tut danach: Ich bin der Herr. Entweiht nicht meinen heiligen Namen, damit ich geheiligt werde unter den Israeliten! Ich bin der Herr, der euch heiligt, der euch aus Ägyptenland geführt hat, um euer Gott zu sein: Ich bin der Herr!»

Vergleiche Jesaja 29,23: «Wenn ihre Kinder sehen werden die Werke meiner Hände in ihrer Mitte, werden sie meinen Namen heiligen. Sie werden den Heiligen Jakobs heiligen und den Gott Israels fürchten.»

Und Hesekiel 36,22–28: «Ich tue es nicht um euretwillen, ihr vom Hause Israel, sondern um meines heiligen Namens willen, den ihr entheiligt habt unter den Völkern … Ich will meinen großen Namen, den ihr unter ihnen entheiligt habt, wieder heilig machen … Ich will reines Wasser über euch sprengen, dass ihr rein werdet … von allen Götzen will ich euch reinigen. Und ich will euch ein neues Herz und einen neuen Geist in euer Inneres geben … Meinen Geist will ich in euch geben und will solche Leute aus euch machen, die in meinen Geboten wandeln und meine Rechte halten und danach tun … Und ihr sollt mein Volk sein, und ich will euer Gott sein.»

Auch in Psalm 145 finden sich viele Motive des Vaterunsers. Nur in der Kontinuität der Geschichte des Heilshandelns Gottes für sein erwähltes Volk von Abraham bis Jesus Christus verstehen und beten wir das Vaterunser recht.

Die verschiedenen Formen des Gebets im Matthäus- und im Lukas-Evangelium

	Matthäus 6,9–13		*Lukas 11,2–4*
	Unser Vater in den Himmeln!		Vater!
I	Geheiligt werde dein Name!	I	Geheiligt werde dein Name!
II	Es komme dein Königreich.	II	Es komme dein Königreich.
III	Es geschehe dein Wille wie im Himmel, so auf Erden.		–
IV	Unser Brot für morgen gib uns heute.	III	Unser tägliches Brot gib uns Tag für Tag.
Va	Und vergib uns unsere Schulden,	IVa	Und vergib uns unsere Sünden.
Vb	wie auch wir vergeben haben unseren Schuldigern.	IVb	Denn auch wir selbst vergeben jedem, der uns (etwas) schuldet.
VIa	Und führe uns nicht hinein in Versuchung,	V	Und führe uns nicht hinein in Versuchung!
VIb	sondern rette uns vor dem Bösen.		–

Es wird sofort deutlich, dass es dasselbe Gebet ist, das diesen beiden Fassungen zugrunde liegt. Denn die beiden ersten Bitten stimmen wörtlich überein; ebenso Matthäus IV und Lukas III, wo nur statt «heute» «Tag für Tag» steht, sowie Matthäus VIa und Lukas V.

Dass in Matthäus Va von «unseren Schulden» die Rede ist und in Lukas IVa von «unsere[n] Sünden», ist inhaltlich keine

Differenz, zumal sich in Lukas IVb derselbe Wortstamm im Verb «schulden» findet. «Schuld» und «Sünde» sind im Neuen Testament durchweg gleichsinnig (vgl. zum Beispiel Lukas 13,2.4), wenngleich «Sünde» das geläufigere Wort ist.

Ein Unterschied jedoch besteht darin, dass in Matthäus Vb die gegenseitige Vergebung unter «uns» Christen die Voraussetzung der Vergebung Gottes ist («Wie auch wir *vergeben haben*»). Das zeigt die in Vers 14f. angefügte Mahnung. In Lukas IVb dagegen gilt unser christliches Vergebungshandeln (Präsens) «jedem, der an uns schuldig wird» – über die Grenze der eigenen Gemeinschaft hinaus.

Der augenfälligste Unterschied zwischen beiden Fassungen ist, dass Matthäus III sowie auch Matthäus VIb bei Lukas fehlen. Doch in beiden Fällen kann es sich nicht darum handeln, dass der Evangelist Lukas die beiden Stellen ausgelassen oder Matthäus eine ihm vorliegende Kurzfassung ergänzt hätte.

Beide haben die verschiedenen Fassungen vielmehr in der ihnen jeweils vertrauten Gebetstradition so vorgefunden, wie sie es bezeugen. Man verändert solche heiligen Texte nicht, sondern diese gehen auf die früheste Zeit zurück, in der einerseits die von Jesus vorgegebene Kurzfassung gebetet worden und andererseits diese durch vertraute Motive aus jüdischer Gebetstradition erweitert worden ist.

Überdies lebt in Matthäus III die Jünger-Ethik Jesu (Matthäus 7,21; 12,50 = Markus 3,35; Matthäus 21,31); und es ist Gottes Wille in Jesu eigenem Handeln, keines von den «Kleinen» verloren werden zu lassen, sondern jedes von ihnen zu retten (Matthäus 18,14).

Entscheidend für die Hinzufügung von Matthäus III ist, dass Jesus sich selbst im Garten Gethsemane in aller Furcht vor den Leiden, die ihm jetzt unmittelbar bevorstehen, dem Willen seines Vaters ganz hingibt (Matthäus 26,42; Lukas 22,42) und so zum Vorbild seiner Jünger geworden ist im Umgang mit den Leiden, die sie treffen: «Dein Wille geschehe» – das könnte das Motiv für die Einfügung von Matthäus III gewesen sein.

Zu Matthäus VIb bedarf es einer besonderen Erklärung, die in der späteren Auslegung der Schlussbitte gegeben wird.

«Unser Vater im Himmel»

Dass ein Gott im Himmel ein Vater aller seiner Menschenkinder sei, ist eine in der Religionsgeschichte des Altertums verbreitete Vorstellung. Das Judentum verurteilte jedoch all diese Gottheiten seiner Umwelt als Götzen: Nur der einzig-eine Gott, der mit Israel seinen Bund geschlossen hat, ist in Wahrheit der eine Vater seiner Erwählten. Allein er darf in Gebet und Lobpreis als «unser Vater» angerufen werden, und zwar in einem ganz bestimmten *heilsgeschichtlichen Sinn.*

Seit Gott Abraham aus dessen Heimat heraus in seine Nachfolge berufen hat, hat er sich selbst für alle Nachkommen dieses Urvaters zum Vater seiner Kinder gemacht. Gottes Vater-Sein hängt also aufs Engste und wesenhaft mit der Generationenfolge der «Väter» Israels zusammen.

Ganz Israel ist in seiner Geschichte das erwählte Eigentumsvolk seines Gottes als des «Gottes der Väter». Zu allen Zeiten führt er sie seine Wege, schützt sie gegen alle ihre Feinde und rettet sie aus jeder Not.

Dafür ist die Befreiung aus der Sklaverei in Ägypten *das* zentrale Heilsereignis, dessen man in jeder Generation so «gedenkt», dass das gegenwärtige Israel an dieser Errettung aus Ägypten selbst Anteil hat. So preist ihn im Neuen Testament Maria in ihrem Magnificat als den einen gütigen, Wunder schaffenden «Vater» (Lukas 1,46–55) und ebenso Zacharias, der Vater Johannes' des Täufers, in seinem Benedictus (Lukas 1,68–79).

In einem einzigartigen Sinn ist für Christen *Jesus der Sohn Gottes* (Lukas 1,32f.35); er redet Gott als seinen Vater an (Matthäus 11,25–27; Lukas 10,21f.). So ist Gott nicht nur «der Herr des Himmels und der Erde», sondern vor allem der Vater Jesu Christi, den er als seinen einzig-einen Sohn hat Mensch werden lassen (Markus 1,11; Lukas 1,32f.35).

Was Jesus den Menschen in Galiläa verkündigt hat, sind Gottes Worte (Johannes 3,34). Er sprach aber zu ihnen in ihrer aramäischen Alltagssprache, so dass jeder ihn verstehen konnte. Ja, wenn er zu Gott betete, gebrauchte er in der Anrede das gleiche einfache Wort «Vater», mit dem im jüdischen Alltag Kinder ihren Familienvater anredeten: «Abba» (zu Deutsch: «Papa»).

Im Griechischen wird das mit dem einfachen *pater* wiedergegeben – wie in der ursprünglichen Luther-Fassung des lukanischen Vaterunsers. Diese vertrauensvolle Anrede gibt es in der jüdischen *Gebets*sprache nirgendwo. Jesus war seinem himmlischen Vater so nah wie niemand sonst.

Dieses «Abba» findet sich sogar in der Situation höchster Todesangst im Garten Gethsemane: «Abba, Vater, alles ist dir möglich: Nimm diesen Leidenskelch von mir! Jedoch nicht, wie ich will, sondern wie du willst!» (Markus 14,36). Nirgendwo anders zeigt sich beides so unmittelbar beieinander: seine persönliche Vertrautheit mit seinem himmlischen Vater und sein Gehorsam zu ihm, dem Allmächtigen.

Wenn wir das Vaterunser beten, ist es genauso. Wir rufen Gott an wie Jesus: «(Abba,) unser Vater!» Darin spricht sich ebenso die intime Vertrautheit Jesu mit seinem «Vater» aus (Lukas 11,2) wie zugleich die tiefste Ehrfurcht vor dem allmächtigen Herrscher «im Himmel» (Matthäus 6,9), mit dem unser Herr Jesus Christus eins ist (Johannes 10,30)!

Das ist wohl der Grund, warum sich in der urchristlichen Liturgie das Vaterunser in dieser Anrede Gottes im Munde Jesu sogar in ihrer aramäischen Sprachform *abbá* erhalten hat (Galater 4,6; Römer 8,15) – und zwar als Anrede, die uns der *Geist Gottes selbst* eingibt: So beten auch wir heute das Vaterunser einerseits in der liturgischen Ehrfurcht der Abendmahlsfeier in der Gemeinde und dürfen es zugleich ganz persönlich-intim im individuellen Beten unseres Herzens still mit Jesus zusammen beten und darin hie und da auch erfahren, wie sich die Stimme des Heiligen Geistes mit der unsrigen vereint.

«Geheiligt werde dein Name»

Der Name eines Menschen benennt im Alten Testament seine persönliche «Identität», und erst recht der Name Gottes, dessen Heiligkeit für Menschen absolut unzugänglich bleibt. Von Abraham bis Mose ist daher nur vom «Gott der Väter» die Rede. Erst Mose hat Gott sich selbst mit seinem Namen «Jahwe» offenbart, einem auch im Hebräischen einzigartigen Wort, das man zu übersetzen hat mit «Ich bin da als der ich da sein werde» (2. Mose 3,14).

Im Verlauf des 2. Mosebuches offenbart Gott selbst diesen seinen Namen so, dass er sich ausdrücklich mit dem «Gott der Väter identifiziert» (Kap. 6,2f.) und seine Zusage an sie erneuert (Kap. 6,7).

Darauf folgend, verbindet Gott seinen Namen mit dem Wunderhandeln der Errettung seines Volkes aus der Sklaverei in Ägypten und stellt diesen Namen als Überschrift den Zehn Geboten voran (Kap. 20,2); und er erläutert seine Einzigkeit durch das Gebot, sich von aller Verehrung anderer Gottheiten fernzuhalten (Kap. 20,3ff.).

Als das Volk sich jedoch, noch bevor Mose mit den beiden heiligen, von Gottes Hand beschriebenen Gesetzestafeln vom Berg herabkam, aus seinem Gold-Besitz eine eigene Gottheit gemacht hatte und diese in einem enthusiastischen Kult feierte, war der heilige Bund Gottes mit ihnen bereits von Anfang an gebrochen.

Gott aber reagiert darauf auf ganz wunderbare Weise, indem er seinem treubrüchigen Volk, das zu ihm zurückkehren will, Vergebung und Erneuerung seines Bundes schenkt. So lautet der volle, *end*-gültige Name Gottes: «Barmherzig, gnädig, geduldig und reich an Liebe und Treue» (Kap. 34,6f.).

Und das ist nun auch der Name des im Vaterunser angerufenen Gottes. Weil er in diesem Sinn seine vergebende, uns von Sünde befreiende Gnade wirken lässt über seinen Zorn gegen unsere immer wiederholte Sünde hinaus – so, wie Jesus es uns im Gleichnis von dem Vater und seinen beiden verlorenen Söhnen (Lukas 15,11–32) vor Augen führt –, ist die erste Bitte, mit der Jesus die Anrede «Vater» ausführt: Er möge seinen heiligen Namen selbst so wunderbar für uns und unter uns wirken lassen.

Im Passiv («werde geheiligt») wird zuerst und grundsätzlich dieses Handeln Gottes an uns in seiner Gnade und Barmherzigkeit angesprochen, dann aber auch das *für uns* daraus folgende Handeln: nicht nur positiv, dass wir der Heiligkeit Gottes gehorsam sind. Sondern vor allem negativ, nämlich dass wir uns von allem «Götzendienst» fernhalten.

Selbstgemachte Götter sind heute in modernistischen Formen ungleich schlimmer als der in 2. Mose 32 berichtete Kult! Weil wir wissen, wie nahe es in unserer heutigen Lebenswelt liegt, uns selbst statt Gott zu dem Subjekt zu machen, um das es uns geht, bitten wir Gott in dieser ersten Bitte, er möge uns in seiner Gnade davon fernhalten, seinen heiligen Namen zu missbrauchen.

Schließlich sollten wir beachten, dass diese Bitte des Vaterunsers wie auch alle folgenden Bitten im *«Wir»* formuliert sind. Sie gelten zwar gewiss auch für jeden Beter persönlich, «für mich»; aber jedenfalls sollte all unser persönliches Beten immer eingebettet sein in das «Wir» der Gebetsgemeinschaft der Kirche.

Es ist eine wunderbare Erfahrung, beim Beten des Vaterunsers geborgen zu sein in der weltweiten Verbundenheit mit allen Schwestern und Brüdern, mit den vielen, die wir zwar persönlich nicht kennen, die aber Gott kennt und erhört! So kann das Vaterunser auch als Fürbitte gebetet werden – einschließlich für alle unsere Verstorbenen sowie auch für all die vielen, denen gegenwärtig in so vielen Ländern der Erde als Märtyrer Hass, Gewalt und Ermordung widerfährt.

«Dein Reich komme!»

Dass die Vollendung der «Königsherrschaft Gottes» in seinem ewigen Reich jetzt «nahe herbeigekommen» ist, ist das Zentrum der Verkündigung Jesu in Galiläa (Markus 1,14f.). Sie richtet sich besonders an alle Kranken und besessenen Menschen, die er in der Kraft des Reiches Gottes geheilt hat; und in erster Linie an Sünder, die im Volk als verworfen galten und ausgegrenzt wurden: Ihnen sprach er durch seine Vergebung die heilende, bergende Liebe Gottes zu seinen Kindern zu.

Das brachte die Führer Israels, Toralehrer und Mitglieder des Pharisäerordens, gegen Jesus auf, weil doch nur Gott Sünden vergeben kann (Markus 2,7). Ohne Erfolg hat er diese Gegner um Zustimmung gebeten. Das stellt das Gleichnis vom Vater und seinen beiden Söhnen im Schlussteil (Lukas 15,25–32) sehr eindringlich vor Augen.

In diesem Sinn ist diese zweite Bitte des Vaterunsers zu verstehen und erläutert so die vorangehende erste. In beiden Bitten geht es um das Wunder-Handeln der Befreiung von der Sünde und von allem Bösen durch die Liebe des allmächtigen himmlischen Herrschers, des Königs über alle Könige. Er möge bereits jetzt, wo sein Reich in Jesus «nahegekommen ist», dessen Heilskraft in der Kirche seiner Kinder wirken lassen und so seinen Namen heiligen.

«Dein Wille geschehe, wie im Himmel, so auf Erden»

Auch hier geht es zuerst und entscheidend darum, dass *Gott* seinen Willen geschehen lässt: Kein Mensch, so verloren er jetzt auch ist, soll im Elend bleiben (Matthäus 18,14). «Gott will, dass alle Menschen gerettet werden» (1. Timotheus 2,4). Das geschieht, indem wir durch den Tod seines Sohnes von der Herrschaft von Sünde und Tod über unser Leben befreit und Gottes Kinder geworden sind (Galater 1,3f.; Epheser 1,5), die ihr ewiges Zuhause in seinem Reich haben sollen (Matthäus 16,28; 25,34; Lukas 12,32; 22,29f.; Apostelgeschichte 20,32).

Es ist das Geheimnis seines Willens, dass das ganze Universum («alles») in Christus als seinem «Haupt» eine erlöste und befreite neue Welt sein wird (Epheser 1,22).

Dass *das* bereits in der Kirche auf Erden geschieht, wie es einst vollendet im Himmel verwirklicht werden wird, ist der entscheidende Sinn dieser dritten Bitte. Deswegen gilt für uns, dass wir diesem Heilswillen Gottes in unserem irdischen Leben gehorchen und das Gute tun sollen (Römer 12,2), nämlich unser Leben zu «heiligen» in Gottes Heiligkeit (1. Thessalonicher 4,3), indem wir einander lieben, wie er uns liebt (1. Johannes 4,7; Römer 12,9ff.).

Dass *wir* Gottes Willen tun, wurzelt also darin, dass *Gott* seinen Willen vollbringt. Das große Vorbild dessen ist Jesus selbst, der nicht seinen eigenen Willen zu tun sucht, sondern den seines himmlischen Vaters (Johannes 4,34; 5,30; 6,38–40).

Dieser Gehorsam hat sich darin vollendet, dass sein flehentliches Gebet in Gethsemane in der Bitte endet, zu tun «nicht, was ich will, sondern was du willst» (Matthäus 26,39).

Das gilt dann ebenso für die Märtyrer (1. Petrus 3,17; 4,1). Wahrscheinlich ist die wörtliche Übereinstimmung zwischen dieser in der Matthäus-Fassung hinzugefügten dritten Bitte mit dem Gebet Jesu in Gethsemane Absicht: Im täglichen Beten des Vaterunsers, das Jesus uns gegeben hat, schließen sich die Christen aller Zeiten dem flehentlichen Gebet ihres Herrn an, mit dem er in den Tod gegangen ist und uns erlöst hat (Hebräer 5,7–10).

«Unser Brot,
das aus der Zukunft uns zukommt,
gib uns heute!»

Diese Übersetzung (statt des üblichen «täglich»[1]) beruht auf der Ableitung des sonst nirgendwo anders in der Bibel bezeugten griechischen Adjektivs *epiousios* vom Verb *epienai* (= «zukommen, herbeikommen»): «Das aus deiner Zukunft kommende Brot gib uns heute.»

Das könnte in der griechischen Umgangssprache der Zeit Jesu das häufig gebrauchte aramäische Wort *machar* = «morgen» wiedergegeben haben.

(Die andere Ableitung vom griechischen Substantiv *epousia* = «Existenznotwendigkeit» oder vom Verb *epeinai* = «für den heutigen Tag» ist sprachlich problematisch.)

Würde man die Bitte um die Gabe des morgigen Brots bereits heute als Bitte von ganz armen Leuten verstehen, die heute nicht

[1] Die heutzutage in Fachkreisen umstritten ist.

wissen, wovon sie sich morgen ernähren können, dann wäre es merkwürdig, warum es nicht konkret das Brot jetzt für heute ist, um das solche Armen bitten, statt des Brotes für morgen.

Eine Mahnung aber, sich mit der heutigen Gabe zu begnügen (Matthäus 6,34), kann schwerlich das Motiv dieser Bitte sein.

Einen verständlichen Sinn kann die Bitte nur haben, wenn mit dem aus der endzeitlichen Zukunft «herbeikommenden» Brot die Teilhabe an dem Jubelmahl im künftigen Reich Gottes für die Jünger Jesu bereits «heute» gemeint ist (Matthäus 8,11; Lukas 14,15; 22,29f.). So verstanden, fügt sich diese Brotbitte in den vorausgehenden wie auch in den folgenden Zusammenhang ein, wo der endzeitliche Horizont alle Bitten bestimmt.

Schon in der Kirche des 2. Jahrhunderts haben die Ausleger in der Bitte um das Brot des endzeitlichen Mahles die Bitte um die Gabe des eucharistischen Brots verstanden. So gewinnt auch das «heute», worin die Bitte mündet, eine ganz konkrete Bedeutung. Und die erste «Wir»-Bitte führt so von dem eindeutig endzeitlichen Sinn der Bitten des ersten Teils des Vaterunsers («Dein») zu den Bitten des zweiten Teils hinüber:

Der himmlische Vater, dessen Heilshandeln in der Verwirklichung seines Namens im Kommen seines Königreiches und im Tun seines Willens angerufen wird, möge nun ebendieses Heilshandeln in die Gegenwart seiner Kinder in der Gabe des eucharistischen Brots konkret hineinwirken lassen. Beim Abendmahl wird so das endzeitliche Mahl des Reiches Gottes, das im Abschiedsmahl Jesu vorausgegeben wird, in der täglichen Mahlgemeinschaft der Kirche «heute» gegenwärtig erfahren.

So ist es die Gabe des eucharistischen Brots und darin die wunderbare Gegenwart des Heilsgeschehens des Kreuzestodes Christi und seiner Auferweckung, die wir in dieser ersten Bitte des zweiten Teils des Vaterunsers erbitten. So sakramental verstanden, wird das Vaterunser zum zentralen Gebet der Abendmahlsliturgie.

Es zeigt sich darin einerseits, wie konkret das Beten des Vaterunsers uns mit allen anderen Christen der Kirche der ganzen Welt verbindet – auch dann, wenn wir es allein morgens und abends in der eigenen Stille beten. Andererseits aber wird darin ebenso die zentrale Bedeutung klar, die auch für uns evangelische Christen die regelmäßige Teilnahme am Wort- und Sakramentsgottesdienst der Gemeinde der Kinder Gottes hat!

Nun zeigt sich in der Lukas-Fassung, wie leicht die Bitte um das Brot des eucharistischen Mahles in eine Bitte um das tägliche Brot übergeht. Jedes Stück Brot unserer täglichen Mahlzeiten erinnert uns so an das Brot des heiligen Abendmahls. Es ist derselbe Vater im Himmel, der uns dort wie hier gibt, was wir zum Leben brauchen (Matthäus 6,33).

Im Übrigen steht dem Leser der ganzen Bibel auch das Bild Israels in der Wüste vor Augen, dem Gott in höchster Hungersnot jeden Morgen sein Wunderbrot Manna aus dem Himmel herabregnen ließ (2. Mose 16; Johannes 6,30–35), und zwar nur für diesen einen Tag: «Das ist das Brot, das euch der Herr zu essen gegeben hat: (…) Ein jeder sammle nur so viel, wie er zum Essen braucht» (2. Mose 16,15f.).

Das Johannes-Evangelium zeigt, wie leicht diese Gabe des Mannabrots in die Gabe des eucharistischen Brots übergehen kann (Johannes 6,48–58; auch Offenbarung 2,17).

«Und vergib uns unsere Verfehlungen, wie auch wir denen vergeben, die sich gegen uns verfehlt haben»

Der Vergebung, um die wir nun bitten, bedürfen wir alle. Es ist die leidvolle Erfahrung der Christen aller Zeiten, dass wir, ohne es zu wollen, immer wieder dem Willen unseres Gottes zuwiderhandeln.

Jesus weiß dies. Und wenn er uns in seinem Vaterunser-Gebet um Vergebung zu bitten ermutigt, so ist dies eingebettet in das Gnadenhandeln der «Herrschaft Gottes», seines Vaters, die er uns verkündigt (Markus 1,15).

Mehrfach hat er den von ihm Geheilten die Vergebung Gottes zugesprochen (Markus 2,9–11; Lukas 7,47f.) und sich deswegen als «Freund von Zöllnern und Sündern» beschimpfen lassen müssen (Matthäus 11,19; Lukas 15,1f.).

Auf die Frage, wie es denn überhaupt möglich sei, Eingang in das Reich Gottes zu finden, wie Jesus es sündigen Menschen zuspricht, antwortet er: «Bei Menschen ist das unmöglich – bei Gott aber ist alles möglich!» (Matthäus 19,26). Menschen ist es wohl möglich und auch nötig, einander zu vergeben, was sie einander angetan haben; und Gott setzt dies voraus, wenn er seinerseits uns unsere Vergehen vergibt (Matthäus 6,14f. als Erklärung von Vers 12f.).

So erklärt sich auch die Matthäus-Fassung («wie wir vergeben *haben*»), während die Lukas-Fassung die gegenseitige Vergebung als die Praxis christlichen Alltags im Blick hat («wie wir vergeben»).

Doch das gute Handeln von Menschen und das Vergebungshandeln Gottes sind zwei völlig verschiedene Ebenen. Dieses ist das ganz wunderbare Handeln der Liebe Gottes vom Himmel her, das sich für uns in Jesu Handeln an uns im Voraus ereignet. Wo und wie wir es erfahren – immer ist es ein großartiges Wunder, das Gott uns in dieser Bitte des Vaterunsers zu erbitten gewährt.

Die Christenheit hat durch alle Jahrhunderte hindurch tausendfach und abertausendfach erfahren, wie Gott uns im Innersten frei und selig macht!

So schließt sich die Bitte um Vergebung unmittelbar an: Ist es doch in jedem eucharistischen Mahl die Befreiung von der niederdrückenden Last unserer kleinen und großen Sünden, die uns hier widerfährt! Und so gehen wir in der erneuerten Nähe zu Jesus, unserem Erlöser, dankbar und getrost in die kommende Woche hinein.

Ebenso aber wie im heiligen Abendmahl, so geschieht dieses Wunder der Vergebung auch in jeder persönlichen Buße. Die mir nach dem Bekenntnis meiner Schuld zugesprochene Absolution: «Deine Sünden sind dir vergeben!», ist ein Wort, das tief in mein inneres Leben eindringt. Ich habe es selbst oftmals erlebt, wie ich auf der Rückfahrt von meinem Seelsorger in Freude einen Choral nach dem anderen in meinem Auto sang.

«Und führe uns nicht in Versuchung; sondern erlöse uns von dem Bösen»

Diese Bitte ist am schwierigsten zu verstehen: Sollte denn der Gott, dem wir die Rettung und Erlösung verdanken, so hinterhältig sein, dass er uns selbst in Versuchung mitten hineinführt (diesen Sinn hat das Verb) – statt dass wir umgekehrt ihn bitten, uns in allen Problemen unseres Lebens beizustehen und *heraus*zuführen?!

So sagt der Verfasser des Jakobusbriefs: «Niemand, der in Versuchung gerät, darf sagen: ‹Von Gott kommt diese Versuchung›; denn Gott hat mit Versuchungen zum Bösen nichts zu tun, er selbst führt niemanden in Versuchung» (Jakobus 1,13f.). Und wer sich in Versuchungen bewährt hat, ist selig zu preisen und erhält von Gott die «Krone des Lebens» (Vers 12).

Jesus, der im Garten Gethsemane von seinem Gebetskampf mit seinem himmlischen Vater (Matthäus 26,31) zu seinen Jüngern zurückkehrt und sie schlafend findet, schilt sie: «Wacht und betet, damit ihr nicht in Versuchung hineinfallt!» (Vers 41).

Und Paulus ermutigt seine «Kinder» in Korinth, in Versuchungen standzuhalten und nicht hinzufallen; denn «es sind nur menschlich [zu bewältigende] Versuchungen, weil

Gott uns nicht über unser Vermögen versucht werden lässt» (1. Korinther 10,12f.). Der, der Menschen in Versuchung führt, Böses zu tun, ist nicht Gott, sondern der Teufel, dem nicht zu verfallen Christus uns hilft (1. Petrus 5,8–10).

Deswegen wird diese Bitte heute manchmal so übersetzt: «Lass uns nicht in Versuchung geraten.» So schließt sich der Nachsatz in der Matthäus-Fassung gut an: «... sondern errette uns vom Bösen», nämlich dem Teufel (Matthäus 13,19; 1. Korinther 5,13; 1. Johannes 2,13).

Aber die Formulierung ist eindeutig: Es ist Gottes Handeln, von dem verschont zu bleiben der Beter des Vaterunsers bittet. Das gilt erst recht für die Lukas-Fassung.

So gibt es für mein Verständnis nur *eine* Stelle im Neuen Testament, von der aus die Schlussbitte des Vaterunsers einen Sinn erhält: Gemeint ist die dreimalige Versuchung Jesu durch den Teufel, in die sein himmlischer Vater ihn zu Beginn seines Wirkens hineinführt (Matthäus 4,1–11; Lukas 4,1–13). Hätte er sie nicht in der überlegenen Vollmacht als Sohn Gottes bestanden, so wäre er der Herrschaft des Teufels verfallen, statt die Herrschaft Gottes zu verkünden.

Alle Königreiche der Welt wollte der Teufel Jesus zu Füßen legen, wenn dieser ihm als dem Allherrscher des Bösen zu Füßen gefallen wäre (Matthäus 4,8f.). Jesus hat jedoch diese letzte und gefährliche Versuchung mit Gottes Wort zurückgewiesen: «Allein vor Gott sollst du niederfallen und ihm allein dienen!» (Vers 10 = 5. Mose 6,13).

Wenn es diese Versuchung Jesu ist, in die ihn sein himmlischer Vater in der Tat hineingeführt hat, um von da an in der weiteren Zeit seines Wirkens von allen Versuchungen des Satans frei zu sein und den Menschen die siegreiche «Königsherrschaft Gottes» zu verkünden, dann wird die Bitte seiner Jünger verständlich, *sie* nicht in diese Versuchung hineinzuführen, sondern sie vielmehr von der Macht «des Bösen» zu erretten, von der sie nur durch die Hilfe Jesu Christi frei sind.

Dann führt diese Bitte einerseits den Wunsch um das Kommen der Königsherrschaft Gottes sozusagen auf den Höhepunkt und schließt andererseits unmittelbar an die voranstehende Bitte um Vergebung aller Sünden an: Im Bereich des Reiches Gottes geht es um nichts Geringeres als um den *end*gültigen Sieg der Macht der Liebe Gottes über die satanische Macht des Bösen, der wir aufgrund des Sieges Christi nicht mehr unterworfen sind, der wir aber auch nicht mehr verfallen dürfen.

Ob dabei zugleich auch an die Passion mitzudenken ist, in der der Sohn Gottes sich stellvertretend für uns dem Tode ausgeliefert hat, und an seine Auferweckung als dem End-Sieg der Königsherrschaft Gottes über die Vernichtungsmacht des Bösen, das muss hier offenbleiben. Denn zur Zeit des irdischen Wirkens Jesu, in der er den Seinen das Vaterunser als ihr Gebet gegeben hat, waren seine Passion und Auferstehung noch Zukunft.

Doch in der Zeit der Kirche nach Ostern sind Passion und Ostern zur endzeitlichen Vollendung des Heils des Reiches Gottes geworden, deren Wirklichkeit im eucharistischen Mahl ständig zu erfahren ist. So nimmt das Gebet des Vaterunsers selbst am Umbruch der Geschichte Jesu teil.

«Denn dein ist das Reich
und die Kraft
und die Herrlichkeit
in Ewigkeit. Amen»

Nach jüdischer Sitte ist dieser Lobpreis als Abschluss des Gebets im urchristlichen Gottesdienst hinzugefügt worden. Es fasst die Bitten in ihrem endzeitlichen Horizont zusammen, in dem alles erbetene Heilshandeln Gottes seine eigene ewige Wirklichkeit hat. Man könnte geradezu sagen: Dieser Lobpreis ist wie ein Amen der Gemeinde.

Die «*Königsherrschaft* Gottes», die im Wirken Jesu in unsere Menschenwelt gekommen ist und an deren «Reich» er allen seinen Jüngern aller Zeiten Anteil gegeben hat und Anteil gibt, hat im grenzenlosen Bereich des Himmels ihren Ursprung und ihre ewige Heimat. Ihre *Kraft* ist die Allmacht seines heiligen *Namens* (2. Mose 3,14; 34,6f). In dieser Macht vergibt Jesus uns Sündern alle unsere Fehlhandlungen und befreit uns von der Macht des Bösen über unser Leben. Denn die Quelle dieser heilschaffenden Kraft ist Gottes Gott-Sein, seine «*Herrlichkeit*» in ihrem unauslöschlichen Licht.

Alles, was wir im Glauben von Gott erbeten haben, orientiert sich also am Wirken und an der Passion und Auferweckung seines Sohnes Jesus Christus als der Heilswirklichkeit, die denen gewiss ist, die sich fest auf ihn als ihren Heiland verlassen dürfen. So ist unser Ja zu Christus zugleich ein Lobpreis Gottes voller Dankbarkeit und Heilsfreude, die wir gleichsam in Gottes Ewigkeit hineinrufen.

Die Weise, wie Menschen Gott als «Du» begegnen können, ist allein das *Gebet.* Weil Gott verlässlich ist, ist unser Beten zu ihm seines Zuhörens gewiss. So gewiss, dass es unnötig und auch unsinnig wäre, in unserem Reden zu ihm offen zu lassen, ob es ihn denn wohl gibt.

Zwar kann kein Gebet Gott zu dem nötigen, worum man ihn bittet; kein Betender kann im Vorhinein wissen, wie Gott «reagieren» wird. Aber echtes Beten darf voraussetzen, dass Gott unter den vielen Millionen, die ihn gleichzeitig mit mir anrufen, meine Worte hört und *mir* zugetan ist.

1. Impuls
Gott ist wirklich Gott

1. Advent
Es wird in allen landeskirchlichen und katholischen Gottesdiensten jeden Sonntag laut gesprochen: das Apostolische Glaubensbekenntnis (Apostolikum). Es benennt die wichtigsten Glaubensinhalte des Christentums.

Christlicher Glaube lebt davon, dass Gott wirklich Gott ist, der Vater aller seiner Kinder auf der ganzen Erde. Er ruft uns persönlich mit unserem Namen an, und wir dürfen ihm mit seinem Namen antworten. Beidseitig beherrscht ein «Du» und ein «Ich» die Sprache, so grundverschieden wir sind:

Gott ist Gott, und wir sind Menschen. Es ist also ein Riesenwunder, dass wir beim Lesen in der Bibel Gottes Stimme hören und zu ihm reden können, so als wäre er der Vertrauteste unter unseren Mitmenschen. Aber es ist Gott, dem wir unser Herz ausschütten dürfen.

Ich erkenne Gott an dem, was er für mich tut

Diese Gemeinschaft hin und her, die wir erleben, ist etwas völlig Einzigartiges in unserem Leben – einerseits in so persönlicher Nähe und doch zugleich ganz gegensätzlich.

Wenn mich einer fragt: «Mit wem redest du denn da?», und ich antworte: «Mit Gott», und er fragt zurück: «Wer ist denn dieser Gott?», so kann ich ihm nicht so antworten, wie er es meint. Denn *wissen* von Gott kann ich nicht – erst recht nicht «beweisen», dass er existiert. Alles Wissen um Gott kommt allein aus dem Hören seiner Stimme. Er ist es, der mich hören lässt, was er sagt. Er erweist sich mir mit dem, was er für mich tut.

Dreimal hat mir Gott das Leben neu geschenkt

Ich kann auf die Frage, wer Gott ist, nur antworten, indem ich von ihm erzähle. Und was erfahre ich nicht alles als Christ von ihm im Laufe meines Lebens! Ich bin beispielsweise dreimal vom nahen Tod errettet worden:

Zuerst als 16-jähriger Junge am Ende des Krieges, als eine Brigade von Panzern uns überrollt hat – und ich bin am Leben geblieben! Ebenso 1989, als ich von einem nahezu durchweg tödlichen Krebs gesund geworden bin. Und vor drei Jahren, als ich nach einem Sturz auf Glatteis in der Klinik auch noch einen Schlaganfall bekam und kurz darauf einen Herzinfarkt – und ich lebe und kann arbeiten!

Habe ich dreimal nur «Glück gehabt»? Nein, ich weiß: Gott hat mir das Leben geschenkt; und ich bin nicht nur glücklich, sondern tief dankbar.

Die persönlichen Erfahrungen mit Gott bezeugen

Wenn man nun beachtet, dass es heute nicht wenige Christen sind, die Gleiches aus ihrem Leben mit Gott zu erzählen haben, so gewinnt der Glaube erheblich an Überzeugungskraft. Und wenn man sich darüber hinaus vor Augen stellt, dass es in den zurückliegenden zweitausend Jahren Millionen und Abermillionen Christen in der ganzen Welt gegeben hat, die alle ihre persönlichen Erfahrungen mit Gott bezeugen, dann wächst das Potenzial der Gewissheit ins Unermessliche.

Die Kirche birgt in sich einen riesig großen Schatz an Gewissheit des Vertrauens zu diesem wunderbaren Gott, bei dem alle unendlich geborgen sind. So lautet der Wochenspruch des 1. Advents: «Siehe, dein König kommt zu dir, ein Gerechter und ein Helfer» (Sacharja 9,9).

Das älteste Glaubensbekenntnis

Das Apostolische Glaubensbekenntnis ist die älteste und bekannteste Zusammenfassung frühchristlicher Bekenntnisformeln. Sie geht in ihrem Kern auf das Bekenntnis bei der Taufe in den ersten Jahrhunderten zurück. Seit Anfang des 5. Jahrhunderts ist sie schriftlich belegt. Seinen Namen verdankt das Apostolische Glaubensbekenntnis der Vermutung, wonach jeder der zwölf Apostel eine Aussage beigesteuert haben soll. Die heutige Form wurde 1971 festgelegt:

Ich glaube an Gott, den Vater,
den Allmächtigen,
den Schöpfer des Himmels und der Erde.

Und an Jesus Christus,
seinen eingeborenen Sohn, unsern Herrn,
empfangen durch den Heiligen Geist,
geboren von der Jungfrau Maria,
gelitten unter Pontius Pilatus,
gekreuzigt, gestorben und begraben,
hinabgestiegen in das Reich des Todes,
am dritten Tage auferstanden von den Toten,
aufgefahren in den Himmel;
er sitzt zur Rechten Gottes,
des allmächtigen Vaters;
von dort wird er kommen,
zu richten die Lebenden und die Toten.

Ich glaube an den Heiligen Geist,
die heilige christliche Kirche,
Gemeinschaft der Heiligen,
Vergebung der Sünden,
Auferstehung der Toten
und das ewige Leben.

Amen.

Wenn mich einer fragt: «Mit wem redest du denn da?», und ich antworte: «Mit Gott», und er fragt zurück: «Wer ist denn dieser Gott?», so kann ich ihm nicht so antworten, wie er es meint. Denn *wissen* von Gott kann ich nicht – erst recht nicht «beweisen», dass er existiert. Alles Wissen um Gott kommt allein aus dem Hören seiner Stimme. Er ist es, der mich hören lässt, was er sagt. Er erweist sich mir mit dem, was er für mich tut.

2. Impuls
Gottes Name

2. Advent

Der biblische Gott stellt sich selbst vor – es gibt nichts und niemanden sonst im Himmel oder gar auf Erden, der ihn bekanntmachen könnte. In biblischer Sprache heißt das: Gott «offenbart» sich selbst. Und das tut er mit seinem Namen.

Eine lange Zeit hindurch hat er jedoch seine Erwählten berufen, ihm zu folgen, ohne ihnen seinen Namen mitzuteilen. Für sie war er «der Gott der Väter».

Als Ersten rief er Abraham (Abram) aus seiner Heimat und aus seinem Sippenverband heraus in die Fremde, um ihn dorthin zu führen, wohin er wollte (1. Mose 12). Und Abraham ließ sich herausrufen mitsamt seiner Familie, einer Gruppe heimatloser Nomaden. Sie alle wussten nicht, wohin und wozu. Aber sie vertrauten sich ihrem Gott in völliger Gewissheit an: Bei ihm wussten sie sich absolut geborgen; wohin er sie führte, war es gut für sie.

Dieses absolute Vertrauen heißt in der Bibel: Glaube. Glaube an Gottes Wort. An dem, was Gott zusagt (was er «verheißt»), gibt es für Glaubende keine Zweifel; für sie ist Gottes Wort schlicht wahr. Eine andere Wahrheit, auf die man sich so voll und ganz verlassen kann, gibt es nicht.

Gott führte sie in die Sklaverei

Schließlich jedoch war es ein lebenslanges Sklavendasein in Ägypten, in das Gott sie geraten ließ. Dass es daraus kein Entkommen gab, war allen klar. Doch Gott rief Mose an, er möge sein Volk befreien (2. Mose 3).

Das schien so bar jeder Möglichkeit, dass Mose wusste: Niemand wird mich ernst nehmen, selbst wenn ich sie daran erinnere, was Gott einst für Abraham und die Väter an Großartigem getan hat. Sie würden ihm antworten: «Ach, das war damals – heute ist es die Gefangenschaft, in die Gott uns geführt hat, und dieses unabänderliche Elend, in dem er uns verkommen lässt!»

Heute ist es genauso

Wie viele Menschen würden heute genauso reagieren, wenn man ihnen versichern würde: «Der Gott der Kirche kann jedem helfen»?

«Bleib mir weg mit dem Gott der Kirche – die Zeiten des Glaubens an ihn sind doch längst vorbei! Wo hätte denn ein Gott je aus all den früheren Nöten geholfen? Und gar heute: Welches Gebet um Frieden hat denn die syrischen Christen aus dem entsetzlichen Elend von Gewalt und Zerstörung in ihrem Lande errettet?»

Ein neuer Erweis seiner Macht

Doch Mose selbst hatte trotz all des Elends seines Volkes in Ägypten seinen Glauben an Gott nicht aufgegeben. Und er blieb vertraut mit seiner Stimme. So war ihm klar, dass es der Gott der Väter war, der ihn jetzt anrief. Sein Volk aber schien verlassen von Gott. Deswegen bedurfte es jetzt eines ganz neuen Erweises seiner Macht: So bat Mose ihn, ihm seinen Namen kundzutun, durch den ihr Glaube erneuert werde.

So kann heute jeder, den Gott mit der Verkündigung seiner «Erlösung» beauftragt wie damals Mose, mitten hinein in die Gotteszweifel vieler Mitchristen mit dem Wochenspruch des 2. Advents uns zurufen: «Seht auf und erhebt eure Häupter, weil sich eure Erlösung naht!»

3. Impuls
Gott ist kein Name

3. und 4. Advent

Die meisten meinen, «Gott» sei ein Name. Aber das ist falsch. Er ist die vergebende Güte in Person und kam in seinem Sohn Jesus Christus als Erlöser persönlich in diese Welt.

Götter kann es viele geben, und heute gibt es sie unter vielen Namen. Aber der biblische Gott ist der einzige Gott, neben dem es keine anderen Götter gibt (2. Mose 20,3). Darum lautet sein Eigenname: «Ich bin da und werde immer da sein» (oder anders übersetzt: «Ich bin da als der ich da sein werde»; Kap. 3,14) – nicht für mich selbst, sondern für euch Menschen, in jedem Einzelnen, für dich und mich!

«Dein Name werde geheiligt»

So ist Gott in seinem urpersönlichen Namen sowohl «heilig» als auch ganz und gar liebevoll. Die erste Bitte des Vaterunsers, das Jesus seinen Jüngern als tägliches Gebet gegeben hat, bestimmt alle anderen Bitten: «Dein Name werde geheiligt» (Matthäus 6,9). Entsprechend ist das Gebot, Gott zu lieben, mit dem Gebot, einander zu lieben, so wie er uns liebt, wesenhaft verbunden, und dieses Doppelgebot der Liebe bestimmt alle anderen Gebote (Markus 12,30–31).

Darum öffnet der Name, den Gott Mose offenbart, das Vertrauen Israels zu seinem Gott, er werde sein Volk aus dem Sklavenelend in Ägypten befreien (2. Mose 3,7f.). Seitdem dieses Errettungswunder dann in der Passahnacht tatsächlich geschehen ist (Kap. 12), ist es für alle Generationen Israels das entscheidende Fundament des Glaubens geworden.

Wir haben die vergebende Güte erlebt

Bis heute feiert Israel das Passahfest in jedem Jahr aufs Neue. Mit jubelnder Freude und mit lobpreisendem Dank zu seinem Gott. Immer wieder erleben Juden ihren Gott so, wie ihre Väter ihn einst erlebt haben, als er sie aus dem Sklavenelend unter ägyptischer Herrschaft befreite. Dafür danken sie ihm noch heute und verbinden damit alles, was sie selbst in ihrem Leben als seinen Schutz und seine Hilfe erfahren.

Auch wir Christen tun das. Denn das Rettungswunder der Passahnacht, von dem wir im Alten Testament lesen, ist ja die Tat unseres gemeinsamen Gottes. Es gibt in unserem persönlichen Leben vieles, das wir als rettendes Eingreifen Gottes erlebt haben: Gesundung von schwerer Krankheit, Versöhnung mit unserem Ehepartner nach langer Zeit gegenseitigen Streits, das glückliche Ende quälender Arbeitslosigkeit.

Aber auch dass wir Deutschen nach der uns so sehr belastenden schrecklichen Schuldgeschichte an Millionen von Juden Schritt für Schritt Versöhnung und neue Gemeinschaft mit ihnen finden dürfen: Ist das nicht entscheidend der vergebenden Güte unseres gemeinsamen einen Gottes zu verdanken?

Deshalb können wir an Weihnachten unseren Erlöser feiern

Nicht umsonst war es die Passahnacht, in der Jesus am Kreuz gestorben ist, um alle Menschen aus der tödlichen Verlorenheit ihres sündigen Lebens zu befreien. In diesem Geschehen hat Gott sein Passahwunder für sein Volk Israel durch das Erlösungswunder im Geschick seines Sohnes Jesus Christus für die gesamte Menschheit unendlich vertieft und universal erweitert.

Bereits an Weihnachten feiern wir ihn als unseren Erlöser: Für uns ist er als ein Mensch geboren und hat sich im Stall zu Bethlehem als Krippenkind von armen Hirten finden lassen.

So ruft uns der Wochenspruch des 3. Advents auf: «Bereitet dem HERRN den Weg, denn siehe, der HERR kommt in seiner allmächtigen Heilsmacht.»

So ist Gott in seinem urpersönlichen Namen sowohl «heilig» als auch ganz und gar liebevoll. Die erste Bitte des Vaterunsers, das Jesus seinen Jüngern als tägliches Gebet gegeben hat, bestimmt alle anderen Bitten: «Dein Name werde geheiligt». Entsprechend ist das Gebot, Gott zu lieben, mit dem Gebot, einander zu lieben, so wie er uns liebt, wesenhaft verbunden, und dieses Doppelgebot der Liebe bestimmt alle anderen Gebote.

4. Impuls

Gott rechtfertigt niemals Sünde

Christfest und 1. Sonntag nach dem Christfest

Fahren wir fort auf dem vielleicht außergewöhnlichen Weg, das Weihnachtsfest vom Alten Testament her zu verstehen!

Mose weiß: Der Bund Gottes mit seinem Volk, das er aus der Gefangenschaft befreit hat, ist nun aus und vorbei. Israel will nichts mehr von der Bindung an diesen Gott wissen, es feiert sich selbst. Und doch bittet Mose diesen Gott flehentlich, er möge es nicht dem Verderben der selbstgewählten Gottlosigkeit überlassen. Gott aber erwidert: «Wer gegen mich gesündigt hat, den tilge ich aus meinem Buch!» (2. Mose 32,33).

Der Treuebruch wird aufgehoben

Doch, o Wunder! Als Gott Mose zu sich auf den Berg heraufbeordert, ruft er seinen ICH-Namen mit dem Zusatz aus: «Wem ich gnädig bin, dem bin ich gnädig, und wessen ich mich erbarme, dessen erbarme ich mich!» (2. Mose 33,19).

Nun wird aus dem «Ich bin da als der ich da sein werde» (2. Mose 3,14) sein Dasein in Gnade und Erbarmen für sein treubrüchiges Volk!

Und tatsächlich schreibt Gott die «Zehn Worte» seiner Bundesurkunde zum zweiten Mal mit eigener Hand und offenbart seinen Namen, indem er ihn unendlich vertieft: «Ich bin ich – als barmherziger und gnädiger Gott, geduldig und reich an Liebe und Treue [...], der Schuld, Vergehen und Sünde vergibt» (2. Mose 34,6–7). Nun ist es sogar auch der Treuebruch seines Volkes, den Gott durch das Wunder seiner Vergebung aufhebt. Und wie das Präsens seines Namens von 2. Mose 34,14 zugleich ein Futurum ist, so bedeutet die Vertiefung in Vers 6 entsprechend, dass Gott seinen Bund mit seinem Volk auch in aller Zukunft erneuert.

Gott rechtfertigt nur Sünder

Das heißt zwar nicht, dass Gott der Treuebruch ihm gegenüber nunmehr überhaupt gleichgültig würde und er den Seinen die Gemeinschaft seines Bundes bewahrte, ob sie ihm den Glaubensgehorsam aufkündigen oder nicht. Jede Vergebung ist vielmehr ein immer wieder neues wunderbares Heilshandeln Gottes.

Treubrüchige Sünder, die Gott ihre Sünde bekennen und von Herzen zu ihm «umkehren», erfahren seine Vergebung je immer neu. Seine Gnade fügt sie wieder in das Rechtsverhältnis seines Bundes ein, wenn sie als Glieder bereit sind, ihre Treue zu erfüllen. Mit anderen Worten: Gott rechtfertigt nur Sünder, niemals die Sünde! Jede neue Vergebung wird denen zuteil, die aufs Neue Gottes Bundeswillen gehorsam sind.

Weihnachten vollendet Gottes Heil

So lassen sich dieses Heilshandeln Gottes in Gnade und Barmherzigkeit und die ewige Treue seiner Liebe als ganz und gar wunderbar im Wesen Gottes selbst verstehen; und sie zu erfahren weckt einen tiefen Dank, der in einer Fülle von Lobpreis Gottes seine Sprache findet.

Weihnachten ist ein besonderer Ort dafür – in allen unseren Weihnachtsliedern erklingt dieser innige Lobpreis. Denn in der Menschwerdung seines Sohnes hat Gott all sein Heilshandeln durch seine ganze Geschichte mit Israel hindurch in radikaler Weise vollendet und zugleich die Kirche als sein Volk aus allen Völkern erweitert.

Ehre sei Gott in der Höhe
und auf Erden Frieden
für alle Menschen,
die er sich erwählt hat!

Lukas 2,14

5. Impuls
Christen feiern zweimal

Jahreswechsel und Epiphanias

Zweimal feiern Christen ein neues Jahr: zuerst (nicht nur zeitlich, sondern geistlich) am 1. Advent den Beginn des neuen Kirchenjahres – und am 1. Januar den des bürgerlichen Jahres. Beides hat mit Gott zu tun, jedenfalls vom Glauben her betrachtet.

Die vier Adventswochen sind eine Zeit der Erwartung und der geistlichen Vorbereitung auf das Weihnachtsfest. Auch die Kalenderjahre beziehen sich auf das Weihnachtsgeschehen: Das Jahr 2017 ist nicht nur das des Gedenkens der Reformation vor 500 Jahren, sondern entscheidend gehört es zu den Jahrhunderten «nach Christi Geburt» (n. Chr.)!

Weihnachten am 6. Januar

Das Jahr beginnt geistlich mit dem Epiphanias-Fest (auf Deutsch: Erscheinung) am 6. Januar. Die orthodoxen Kirchen feiern sogar an diesem Tag Weihnachten: die Geburt Christi als Gottes Sohn.

Die katholische Kirche begeht am 6. Januar das Fest der Heiligen Drei Könige, die an der Krippe das Erscheinen Christi bestaunen. Es ist schade, dass in der evangelischen Kirche das Fest der «Erscheinung» Christi kaum noch gefeiert wird.

Sein Thema ist das Licht, das von Gott ausgeht. Darin verbindet sich das Geschehen der Schöpfung, deren Anfang das Licht ist, das in die totale Finsternis hineinstrahlt (1. Mose 1,2–3). Nur so kann überhaupt Leben entstehen und bestehen, nämlich mit dem Licht, das in Christus die durch die Sünde verfinsterte Welt erhellt (Johannes 1,9) und all jene, die sich von ihm zum Glauben erleuchten lassen, Gott als den Geber wahren Lebens erkennen lässt (Johannes 8,12).

Das Licht der Sonne, das aus der Nacht Tag werden lässt, wird unter dem Aspekt des Glaubens zum Gleichnis für Christus, der das wahre Licht der «Herrlichkeit Gottes» ist. Als Mensch ist er zu uns Menschen gekommen, um diejenigen die Herrlichkeit Gottes schauen zu lassen, die an ihn glauben (Johannes 1,14).

Dieses Licht macht Menschen zu «Kindern des Lichts» (Johannes 12,36), wenn sie ihm ihre Herzen zuinnerst öffnen. Es ist das Licht des Geistes Gottes, der uns Gottes «Gnade und Wahrheit» (Johannes 1,14) und die Treue seiner barmherzigen Liebe (2. Mose 34,6) erfahren lässt.

Doch es erlischt sofort, wenn wir das Licht unserer eigenen Vernunft anstelle dieses Lichtes Gottes in unserem Innern zu entzünden suchen (1. Korinther 1,19f.) und wenn wir Gottes Liebe, die uns dazu bewegt, einander genauso in Liebe zu dienen, durch die Liebe zu uns selbst ersetzen; eine Selbstliebe, die uns blind macht für das, was andere als Hilfe von uns brauchen.

Wir brauchen Licht!

So wie alles Leben das Licht der Sonne elementar braucht, so braucht jeder Mensch das Licht Christi, um nicht in der Finsternis allgemeiner Gottlosigkeit zunichte zu werden. Das ist die wunderbare Wahrheit vom Licht des Lebens, die das Fest der Epiphanie zu bedenken gibt.

> O heil'ger Morgenstern, wir preisen
> dich heute hoch mit frohen Weisen.
> Du leuchtest vielen nah und fern,
> so leucht' auch uns, Herr Christ,
> du Morgenstern!
>
> *Evangelisches Gesangbuch 69,4*

> Die Nacht ist vorgedrungen,
> der Tag ist nicht mehr fern.
> So sei nun Lob gesungen
> dem hellen Morgenstern!
> Auch wer zur Nacht geweinet,
> der stimme froh mit ein.
> Der Morgenstern bescheinet
> auch deine Angst und Pein.
>
> *Evangelisches Gesangbuch 16,1*

Das Licht der Sonne, das aus der Nacht Tag werden lässt, wird unter dem Aspekt des Glaubens zum Gleichnis für Christus, der das wahre Licht der «Herrlichkeit Gottes» ist. Als Mensch ist er zu uns Menschen gekommen, um diejenigen die Herrlichkeit Gottes schauen zu lassen, die an ihn glauben.

6. Impuls
Für mich war es nachts hell!

2. Sonntag nach Epiphanias

Vielfach werden wir als Christen im Neuen Testament wie in Predigten aufgefordert, uns zu freuen. Doch wie kommt eigentlich Freude auf? Ich möchte es an einem Beispiel deutlich machen.

Als ich Bischof im Norden Deutschlands geworden war, wurde mir klar: Nun brauchst du als Erstes und Wichtigstes einen Bruder, dem du all deine Verfehlungen, an denen es nicht mangeln wird, vor Christus aussprechen kannst und der dir die Vergebung im Namen von Jesus Christus zusprechen kann. Denn Jesus verheißt seinen Nachfolgern: «Welchen ihr die Sünden erlasst, denen sind sie erlassen; welchen ihr sie behaltet, denen sind sie behalten» (Johannes 20,23).

Regelmäßig bin ich dann all die Jahre hindurch an je einem Abend im Monat zu einem ausführlichen seelsorgerlichen Gespräch zu diesem Bruder gefahren und kann nur sagen:

Nirgendwo sonst habe ich so viel Freude erfahren

Nirgendwo anders habe ich eine so selige Freude erfahren als in diesen Gesprächen. Beim Heimfahren habe ich geradezu begeistert einen Choral nach dem anderen in meinem Auto in die Nacht hinein gesungen, weil es heller Tag in mir war. Denn ich habe erfahren, was «Freiheit in Christus» bedeutet: Befreiung von Schuld und Neuanfang!

Das entspricht dem ursprünglichen Verständnis von Freude. Im Griechischen hat der Begriff Freude (*chara*) mit der Gnade Gottes (*charis*) zu tun. Sie bewirkt eine Freude, die das ganze Herz erfüllt, ja das ganze Leben (Johannes 16,24). Wo es Christus bestimmt, nimmt er alles, was uns bedrückt, alle Furcht und Sorge von uns. Alle Ängste, die uns quälen, können uns verlassen, wenn die Freude der Vergebung in uns einströmt.

Der Kern der Reformation

Gerade im Jahr des Gedenkens der Reformation vor 500 Jahren sollte sich jeder, der ein Christ sein will, selbst an dem orientieren, was ihr Kern ist: an Jesus, der für uns Sünder am Kreuz gestorben und leibhaftig auferstanden ist, um uns durch seine Gnade leibhaftig an seinem Auferstehungsleben teilhaben zu lassen.

7. Impuls

Wie ich ein ganzer Christ wurde

3. Sonntag nach Epiphanias

«Höre, Israel, der Herr ist unser Gott, der Herr ist einer» (5. Mose 6,4). – Mit dieser Anrede ermutigt Gott sein Volk, im Hören seiner Worte ihn von ganzem Herzen zu lieben (Vers 5).

Solches Hören des Wortes Gottes ist unterschieden von dem vielerlei Reden unseres täglichen Miteinanders. Reden wir doch sogar allzu oft bloß zu uns selbst und werfen den anderen vor: «Ach, ihr versteht mich nicht!»

Warum uns Gott die Sprache schenkte

Doch der Schöpfer hat uns Menschen mit der Sprache die Fähigkeit geschenkt, uns zu verständigen und einander mitzuteilen. Und das setzt voraus, dass wir aufeinander hören. Das eine hängt am anderen: Wer nicht zuhören kann, der kann auch nicht verständlich reden. Die Sprache kann und soll uns verbinden.

Wie wichtig beides ist, zeigt sich daran, dass Gott in der Geschichte mit seinem Volk von Anfang an die menschliche Sprache benutzt, um uns sein Wort hören zu lassen. So eröffnet er uns die wunderbare Möglichkeit, im Gebet mit ihm zu kommunizieren. In der Bibel redet er selbst mit uns, lässt uns wissen, was er von uns will, und erhört unsere Bitten an ihn.

So hören wir die Stimme Gottes

Auch Jesus verkehrt so mit uns. In menschlich verständlicher Sprache verkündigt er uns, worauf Gott in seiner Herrschaft über uns hinauswill: Wir sollen hören, dass er uns liebhat wie sich selbst; und so können und sollen wir von ihm annehmen, dass auch in unserem Miteinander das Wichtigste, worauf alles ankommt, die Liebe ist (Markus 12,31.33).

Von daher ist zu verstehen, dass es in den Johannes-Schriften nicht nur heißt, «Gott ist die Liebe» (1. Johannes 4,16), sondern dass der erste Satz lautet: «Am Anfang war das Wort» (Johannes 1,1). Und Gottes Wort ist in Jesus Mensch geworden (Vers 14). So haben wir in Jesus Gott selbst mitten unter uns! Wenn wir hören, was Jesus uns sagt, hören wir die Stimme der Liebe Gottes.

So machtvoll redet kein Mensch

Mit dem Hören dieser Stimme bin ich einst als 16-jähriger Junge in einem Augenblick aus einem völligen Heiden ein ganzer Christ geworden. Mitten in akuter Todesangst rief er mir aus dem Johannes-Evangelium zu: «In der Welt habt ihr Angst. Aber seid getrost: Ich habe die Welt überwunden» (Johannes 16,33). Diese Stimme hatte ich zuvor noch von keinem Menschen gehört, auch nicht von meinem Vater. So liebreich und machtvoll kann kein Mensch reden!

Seitdem habe ich mit dieser Stimme gelebt. Nicht nur damals ging ich mit glücklicher Freude als vom nahen Tod Erretteter den langen Weg von München in den Schwarzwald nach Hause. Sondern bereits auf diesem Heimweg erfuhr ich jeden Morgen, dass es diese Stimme ist, die uns in der Abendmahlsfeier zuspricht: «Das ist mein Leib, den ich für euch in den Tod gegeben habe, damit ihr lebt» (1. Korinther 11,24).

Bis heute in mein hohes Alter gibt es keinen Sonntag, an dem ich nicht am Altar niederknie, diese Stimme höre und das Wunder seiner sakramentalen Gegenwart erfahre, es in mich hineinnehme und dann immer neu mit Freude heimgehe.

Ein tiefes Horchen auf die Bibel

Nur eines habe ich erst allmählich gelernt: Mit der Stimme Jesu kann man nur permanent leben, wenn man auch das tiefe Wunder ernst nimmt, dass in der Bibel Gott zu uns spricht. Überall in der Rede der Apostel spricht Gott uns zu Herzen! Dabei gewinnt mein Hören immer mehr und immer neu eine Tiefe, die ich «Horchen» nennen möchte. Ich lobe darum das tägliche Lesen der Bibel, die erlernbare Wissenschaft ihrer Auslegung mit einer inneren Bewegung ganz eigener Art.

Dass es dieses Wunder wirklich gibt, bezeuge ich hier Ihnen allen, liebe Leserinnen, liebe Leser, und hoffe, dass es Sie anregt, sich Zeit zu nehmen und sich so ganz darauf zu konzentrieren, dass aus einem ersten Hinhören allmählich dieses tiefe Horchen wird. Es gibt keine glücklichere Freude als die, in horchendem Hören mit Jesu Stimme zu leben.

Meine Seele ist still zu Gott –
von ihm kommt meine Hilfe.
Zwei Dinge sind es, die ich höre:
Bei Gott ist die Macht,
und bei dir, HERR, die Güte.

Psalm 62,2.12f.

Mit dem Hören dieser Stimme bin ich einst als 16-jähriger Junge in einem Augenblick aus einem völligen Heiden ein ganzer Christ geworden. Mitten in akuter Todesangst rief Gott mir aus dem Johannes-Evangelium zu: «In der Welt habt ihr Angst. Aber seid getrost: Ich habe die Welt überwunden.» Diese Stimme hatte ich zuvor noch von keinem Menschen gehört, auch nicht von meinem Vater. So liebreich und machtvoll kann kein Mensch reden!

8. Impuls

Ich betete, und Gott schwieg

Letzter Sonntag nach Epiphanias

In meinem Leben gab es immer wieder Wochen, in denen ich Gott ganz dringend um etwas gebeten habe – und er schwieg!

In meiner Berliner Zeit in den 60er Jahren als Theologieprofessor waren meine Frau und ich regelmäßig mit einer Gruppe führender Revoluzzer-Studenten zusammen. Alle waren sie Atheisten und beschimpften uns.

Oft wurde die Atmosphäre so unerträglich, dass ich betete: «Herr, nimm uns diese Abende ab! Mit solchen Schreihälsen zu diskutieren, die nichts als uns beleidigen wollen, das kann doch nichts nützen – die ändern sich nie!» Ohne dass ich es mir eingestand, wurde mein Beten für sie voller Vorwürfe gegen Gott.

Da kam plötzlich einer aus dieser Gruppe allein zu mir, entschuldigte sich und bat mich, ihm zu helfen. Nichts Politisches kam da aus ihm heraus, stattdessen unerträgliche Bedrängnis über die tiefe Sinnlosigkeit seines eigenen Lebens.

Nicht, was wir wollen, ist entscheidend …

Während ich lange mit ihm darüber sprach, dass der Sinn unseres Lebens Gott sei, und das Gespräch mit einem Gebet für ihn schloss, bat ich Gott um Verzeihung wegen meiner Vorwürfe.

«Echte Bekehrungen dauern oft lange: Du musst auf meine Geduld vertrauen» – war seine Antwort.

Gut tut uns nur, was im Sinne der Güte und Barmherzigkeit Gottes für uns gut ist. Nur unter dieser Voraussetzung gilt die Ermutigung Jesu, Gott um alles zu bitten, was wir zu brauchen meinen (Johannes 15,7; 14,13f.; 16,23f.).

Gottes Macht, zu tun, was wir von ihm erbitten, ist ja grenzenlos; und in seiner Güte ist er zu jeglicher Hilfe bereit, die uns guttut. Sobald unser Gebet aber zu einem Fordern wird, das bei Gott durchsetzen will, was *wir* wollen, handelt es sich nicht mehr um ein Beten zu Gott, sondern um den egoistischen Versuch, Gott zu meinem Diener zu machen. Immer soll unser Bitten unter der Überschrift geschehen: «Dein Wille geschehe» (Matthäus 6,10).

… sondern was Gott mit uns und unserem Leben vorhat

Wer sich nicht dem Willen Gottes völlig anvertraut und nicht, bevor er mit seinem Beten beginnt, auf Gottes Stimme horcht, dessen Gebet wird zu einem leeren Reden mit einem namenlosen Schicksal.

Wo Gott verschwindet, bleiben wir mit uns selbst allein und erfahren unsere Ohnmacht, niemals das erreichen zu können, was wir wollen. Und wenn das nicht eintrifft, überfällt uns allzu leicht das «Theodizee»-Problem der Moderne, das anklagende «Warum kommt all dies Unglück über mich, und du, Gott, hörst mir nicht zu?!».

Wer dagegen Gott gehorsam bittet, der kann auch damit umgehen, dass eine Erfüllung auf sich warten lässt. Er kann sich Gottes Geduld anvertrauen. Und diese Geduld hat nichts mit Resignation zu tun.

9. Impuls

Was ist eigentlich Sünde?

Septuagesimae, 3. Sonntag vor der Passionszeit

Mit diesem Sonntag («Septuagesimae», auf Deutsch: 70 Tage vor Ostern) treten wir ein in die Zeit des Gedenkens der Passion Jesu. Das Thema der Vorfastenzeit ist nun: Jesus Christus.

Viele Menschen unserer Zeit stoßen sich daran, dass in der Kirche so viel von Sünde und Vergebung die Rede ist. Sie verstehen Sünde bloß als etwas moralisch Anstößiges, was Menschen ab und an tun. In der Bibel dagegen herrscht ein viel tieferes Verständnis: Sünde ist ein Denken und Handeln gegen Gottes Willen. Wer Sünde tut, verliert die Verbundenheit zu Gott und muss sein Leben ohne die Hilfe Gottes führen – es sei denn, er kehrt um.

Vergebung ist tatsächlich die einzige Kraft, die unserem Leben Sinn, Halt und Hoffnung zu geben vermag. Darum suchen wir Christen Gottes Vergebung täglich als sein wunderbares Geschenk. Sie hebt die verderbende Wirkung unserer Sünde auf. Wir selbst können uns daraus nicht herausarbeiten.

Die Beichte war mir als Bischof eine wichtige Hilfe

Die Bitte um Vergebung ist die Mitte des Vaterunsers: «Und vergib uns unsere Schuld». Und weil aufmerksame Christen sich vieler Sünden bewusst sind, ist die Vergebung, die sie im Gottesdienst als Befreiung erfahren, eine immer wieder zentrale Entlastung und Ermutigung ihres eigenen Lebens.

Überdies gibt es in der Kirche beider Konfessionen auch einen persönlichen Zuspruch der Vergebung der Sünden, die man im Gespräch mit einem Pfarrer vor Gott offen eingesteht. Wer das in einer Beichte erfahren hat, erlebt die Befreiung des Lebens durch die wiedergeschenkte Verbindung mit Gott in einer dankbareren Freude ohnegleichen. Ohne die herrliche Möglichkeit regelmäßiger Beichte hätte meinem Bischofsdienst eine wichtige Hilfe gefehlt!

Wenn das Böse ins Leben tritt

In der Bibel zeigt sich ein noch tieferer Horizont dessen, was Sünde ist. Wir sehen in 1. Mose 3 die ersten Menschen – Adam und Eva – im Garten der noch unversehrten Schöpfung. Gott hat ihnen die Pflege allen Lebens als Aufgabe anvertraut (Vers 28) und ihnen die Freiheit gegeben, alles zu essen – mit einer Ausnahme: Die Früchte vom Baum der Entscheidung über Gut und Böse hat Gott ausschließlich sich selbst vorbehalten (Kap. 2,16f.). Denn wo alles gut ist, was er geschaffen hat, soll es gut bleiben, ohne dass das Böse darin zu tödlicher Wirkung kommt.

Hier aber beginnt die Sünde: Eva und Adam stoßen sich an diesem einen Verbot. Warum sollen sie diese Frucht nicht selbst genießen? In der Freiheit, die Gott ihnen mit seinem Auftrag gegeben hat, brechen sie die Frucht dieses Baumes ab, um so selbst darüber entscheiden zu können, was für sie gut und böse ist (Kap. 3,1–6).

Nun merken sie sofort, dass sie damit das Vertrauensverhältnis zu Gott zerbrochen haben. Gott ruft sie an: «Was hast du da getan?» (Kap. 3,11ff.) – und entfernt sie aus dem Garten (Vers 23f.). Denn mit ihrer Entscheidung haben sie das Böse getan, das nach Gottes Willen von seiner Schöpfung fernbleiben soll. Nun aber ist die Konsequenz des Bösen, dass sie ganz auf sich allein angewiesen sind und draußen in der Wüste erfahren müssen, wie das Tun des Bösen ihr Leben zur Plage macht.

Sünde tut man sich selbst an

Die Symbolik dieser Geschichte ist: Sünde ist ein Eigenwille gegen den Willen Gottes und so ein Bruch des Vertrauensverhältnisses zu Gott, in dem doch Leben allein gedeihen kann. Die Lebensschädigung bewirkt der Sünder sich selbst – sie ist nicht eine Strafe, die ein «gestrenger Straf-Gott» über mich verhängt, sondern das Geschick, das ich mir selbst zugezogen habe und dem mich Gott überlässt, wenn ich nicht zu ihm zurückkehren will.

10. Impuls

Vom Teufel und seinen Dämonen

Sexagesimae, 2. Sonntag vor der Passionszeit

Nach der Bibel haben wir es nicht nur mit dem Bösen zu tun, das Menschen anrichten, sondern auch mit dem Bösen als Macht, dem Teufel. Seine Macht kommt über uns – wenn wir sündigen. Sie ist aber nicht etwa eine Konkurrenz zu Gottes Macht! Denn Gott ist allem absolut überlegen.

Warum es den Teufel gibt

Aber warum gibt es dann den Teufel mit seinem zahlreichen Heer von Dämonen, die sich um ihn scharen und seine Befehle erfüllen – so wie es dagegen im Himmel den Chor der Engel gibt, die immerwährend Gottes Lob singen und die Gott als seine Boten mit besonderen Aufträgen und Tröstungen zu einzelnen Menschen schickt (Psalm 103,19ff.)? Warum dieser Gegensatz von Engeln und Teufeln?

Dass Gott ihn zulässt, ist nicht etwa ein Zeichen von Schwäche. Gott braucht keine Engel, um den Teufel und seine Dämonen abzuwehren.

Aber dass Gott Satan, den er aus seinem Himmel hinausgeworfen hat (Lukas 10,18), unter den Menschen auf Erden weiterwirken lässt, hat den gleichen Grund wie die Tatsache, dass er die Sünde des ersten Menschenpaares nicht von vornherein verhindert hat. Er hat sie geschehen lassen, denn er hat dem Menschen Freiheit gegeben, sich für oder gegen ihn zu entscheiden.

Das Böse im freien Willen

Der Wille des Menschen wendet sich oft gegen Gott. So beginnt das Böse in der guten Schöpfung Gottes zu wirken (1. Mose 3). Dass der Mensch seine ihm von Gott gegebene Freiheit missbraucht, um egoistisch über Gut und Schlecht zu entscheiden, ist eine Verwirklichung des Bösen. Das ist der Ursprung der Gottlosigkeit.

Ich irre mich, wenn ich meine, es täte mir gut, selbst zu entscheiden, was für mich gut oder schlecht sei. In diesem Irrtum wirkt eine gegengöttliche Macht, die ich keineswegs beherrsche, sondern die umgekehrt mich beherrscht.

In der Bibel wird diese Macht des Bösen in meinem Tun und Denken «der Teufel» genannt (der hier im Griechischen gebrauchte Begriff *diabolos* bedeutet im Deutschen «Durcheinanderbringer»).

Wie man vom Bösen frei wird

In unserer heutigen Welt gehört die Rede vom Teufel freilich zu den Inhalten der Bibel, die nahezu durchweg als verächtliche Hirngespinste abgelehnt und als Kinderei betrachtet werden.

Doch woher kommt zum Beispiel unsere merkwürdige Lust, im Fernsehen allem Bösen zuzusehen – je krasser, desto fesselnder? Dabei wissen doch alle von den schrecklichen Unmenschlichkeiten, die auch heutzutage überall in der Welt geschehen. Menschen widerfährt Gewalt, Leid und Tod – Dinge, die wir nicht beenden und nicht einmal steuern oder mindern können!

In all dem wirkt der Teufel. Und wir erfahren, wie ohnmächtig wir gegenüber dieser Übermacht des Bösen sind. Dass man von ihr frei werden kann, wenn man sich Gott im Glauben anvertraut, wissen die meisten heute nicht mehr. Die Macht des Teufels ist schrecklich. Doch in Mord und Tod hat sie ihre Grenze.

Christen dürfen wissen, dass Gott ihr letztes Geschick über diese Grenze hinausführt. Im Blick auf die Ewigkeit hat allein Gott das Sagen.

11. Impuls
Wahre und falsche Freiheit

Estomihi, Sonntag vor der Passionszeit

«Freiheit» ist das Grundwort unserer modernen Lebenswelt. Frei darf und will man sein gegenüber allem, was den eigenen Wünschen nicht widerspricht.

Ich erinnere mich noch sehr konkret daran, wie in den 60er Jahren diese Freiheitsbewegung geradezu durchgebrochen ist: als Massenprotest der 68er gegen alle Gebote der bürgerlichen Moral.

Auch ich als alter 68er wurde versucht

Leider bleiben auch mir mancherlei Versuche von uns Älteren bewusst, diese Freiheit auszuprobieren, besonders im Sexualverhalten. Doch während einige radikale Gruppen in offen intersexuellen «Wohngemeinschaften» vorleben wollten, was eigentlich «totale Freiheit» sei, taten wir mit schlechtem Gewissen, was auch wir uns insgeheim an Freiheit zu leisten versuchten.

Erst als ich begann, das Neue Testament neu zu übersetzen, hat in den 70er Jahren mein Leben wieder einen festen Grund gefunden.

Was damals höchst stürmisch begann, wird heute längst als «Entwicklung» der Moderne deklariert. Moralische Vorschriften (heißt es) gebe es für unsere «aufgeklärte Zeit» überhaupt nicht mehr – außer dem einen Gebot grenzenloser Toleranz, die allein dazu dient, die Freiheit jedes Einzelnen zu schützen.

Eine morallose Moral

Wie viel seelische Schäden aber diese «morallose Moral» zahlreicher Zeitgenossen anrichtet, davon erfahren Ärzte und Psychotherapeuten einiges in ihren Praxen. Christliche Seelsorger bekommen ebenso mit den Verletzungen zu tun, die das Fehlen allgemein geltender Werte verursacht. Aber wenn Seelsorger sie mit den gleichen Mitteln zu heilen suchen wie ihre weltlichen Kollegen, sind sie auf demselben Irrweg.

Ohne allgemein geltende Grundsätze kann es wirkliche Freiheit nicht geben! Das kann man von dem Philosophen Immanuel Kant (1724–1804) lernen; viel gegründeter allerdings von dem «Reich Gottes», das Jesus seine Jünger gelehrt hat.

Die totale Heilung

Jesu Lehre ist allerdings für die «natürlichen Menschen» (die wir ja alle sind!) höchst anspruchsvoll. Wirklich frei bist du nur – sagt Jesus –, wenn du nicht nur deine eigenen Interessen zu bedienen suchst, sondern wenn es dir wichtiger ist, anderen zu helfen und für sie da zu sein (Markus 10,43–45).

In biblischer Sprache heißt das: «Liebe deinen Nächsten wie dich selbst» (Lukas 6,27–31; Matthäus 19,18f.), sogar auch dann, wenn er dein Feind ist (Kap. 5,43f.)! Dieses alttestamentliche Gebot lehrt Jesus so grenzenlos absolut, weil er es an der Liebe Gottes misst, der selbst (2. Mose 3,14) ganz und gar für uns Menschen da ist (Kap. 34,6).

Seine Liebe ist so selbstlos, dass es ihm in seiner Barmherzigkeit darum geht, unser Leben aus der Verlorenheit zu erretten, die wir uns durch unsere Sünde zugezogen haben. So total heilen will er und kann er, weil seine Liebe allmächtig ist.

Jesus legt das so radikal aus, dass es dieses Heilwerden für uns nur gibt, indem wir uns selbst Gottes Liebe ganz hingeben und all unser Tun und Denken in ihr sein Maß hat.

Die christliche Freiheit – darum ist die Kirche wichtig

Jesus lehrt nicht nur diese Herrschaft der Liebe Gottes in der Art, dass sie uns im Glauben frei macht von uns selbst, so dass wir ganz von ihr leben. Sondern er ist in seinem eigenen Tun so völlig eins mit Gottes Liebe zu uns, dass er sein Leben als Gottes Sohn am Kreuz von Golgatha für uns in den Tod hingegeben hat, um uns in letzter Radikalität von aller Sünde frei zu machen.

In seiner Auferstehung gibt er uns Anteil an seinem eigenen Leben in der Freiheit ewiger Vollkommenheit. Das ist die Wurzel echter christlicher Freiheit. Nur durch diese Freiheit, die an Christi Kreuz offenbar geworden ist, können Menschen wirklich frei werden.

Darum ist es für unsere moderne Gesellschaft elementar wichtig, dass die Kirche in ihr präsent ist und dieses Evangelium wahrer Freiheit verkündigt, die aller Freiheit zuallererst ein Fundament schafft und das Leben aller Menschen wirklich reinigt und trägt.

Wie viel seelische Schäden aber diese «moral-
lose Moral» zahlreicher Zeitgenossen an-
richtet, davon erfahren Ärzte und Psychothera-
peuten einiges in ihren Praxen. Christliche
Seelsorger bekommen ebenso mit den Ver-
letzungen zu tun, die das Fehlen allgemein
geltender Werte verursacht. Aber wenn Seel-
sorger sie mit den gleichen Mitteln zu heilen
suchen wie ihre weltlichen Kollegen, sind
sie auf demselben Irrweg.

12. Impuls

Was hat es mit der Passionszeit auf sich?

Invokavit, 1. Sonntag der Passionszeit

Von Aschermittwoch bis Karsamstag währt die Passionszeit. Viele Christen fasten in diesen fast sieben Wochen, um sich besser auf das konzentrieren zu können, was Jesus Christus für uns ermöglicht hat.

Das ganze Passionsgeschehen, ja das ganze Wirken von Jesus hat seinen Grund in der im Alten Testament bezeugten Geschichte Gottes mit seinem Volk Israel. Während Israel immer wieder die Gebote Gottes brach und sich als treulos erwies, zeigte Gott seine Liebe darin, dass sein Zorn über die Sünder meist in die Vergebung der Sünde mündete (2. Mose 34,6.7).

Diese Geschichte der Liebe Gottes zu seinen treubrüchigen Bundespartnern hat ihre Vollendung in der Verkündigung des Reiches Gottes gefunden: Gott sagt durch seinen Sohn den Sündern, die zu ihm zurückkehren, seine ewige Treue zu. Und er mutet den «Gerechten» zu, dieser Liebe Gottes zuzustimmen (Lukas 15,11–32).

«Er trug unsere Krankheit»

Das Wirken Jesu findet seine Vollendung in seinem Tod am Kreuz, in dem er, der Sohn Gottes, sogar sein eigenes menschliches Leben für alle Sünder hingibt, um sie von dem Tod zu befreien, dem sie durch ihre Sünde verfallen sind.

Im Alten Testament gibt es nur eine einzige Stelle im Buch Jesaja, in der solch stellvertretendes Erleiden von Hass, Gewalt und der Ermordung eines Propheten von dessen Schülern als Sühne für das schuldige Israel besungen wird: Jesaja 53.

Da heißt es: «Fürwahr, er trug unsre Krankheit und lud auf sich unsre Schmerzen. [...] Aber er ist um unsrer Missetat willen verwundet und um unsrer Sünde willen zerschlagen. Die Strafe liegt auf ihm, auf dass wir Frieden hätten, und durch seine Wunden sind wir geheilt» (Jesaja 53,4–5; Luther 2017).

Und so war es im alten Israel

Dass Gott die Sünden seines Volkes immer wieder gnädig vergibt, hat Israel Jahr für Jahr in einer zentral wichtigen Feier im Tempel (am Versöhnungstag «Jom Kippur») erfahren: Darin lässt er es zu, dass seine Bundesgemeinde ein Haustier schlachtet und dessen Blut an den Sitz Gottes im innersten Raum des Tempels («dem Allerheiligsten») sprengt: als Zeichenhandlung der Bitte an Gott, den Tod dieses Tieres anstelle des Todes, den sein Volk sich durch seine Sünden erwirkt hat, anzunehmen und ihm so Vergebung zu gewähren (3. Mose 16).

Aber dass darüber hinaus ein Mensch, gar ein Prophet Gottes, sein eigenes Leben zur Vergebung und Heilung seines Volkes hingibt, das hat es in Israel zuvor noch niemals gegeben.

Erst im Kreuzestod Jesu hat sich erfüllt, was die Schüler des Propheten Jesaja vom Geschick ihres Lehrers gesungen haben. Darum finden sich im Neuen Testament nahezu überall, wo Jesu Tod als Heilsgeschehen verkündigt wird, Hinweise auf Jesaja 53.

Bereits im neutestamentlichen Glaubensbekenntnis der Urkirche in 1. Korinther 15,3–5 ist Jesaja 53 zum Kern der Heilsbotschaft «der Schrift» geworden. Im 1. Petrusbrief (2,21–24) findet sich ein Choral aus dem urchristlichen Gottesdienst, der Jesaja 53 nachgebildet ist.

Was man jetzt täglich auswendig beten sollte

Christus hat für uns gelitten ...
Er hat (selbst) keine Sünde getan ...
Unsere Sünden hat er hinaufgetragen
in seinem Leib an das Holz (des Kreuzes),
damit wir, von unseren Sünden frei geworden,
für die Gerechtigkeit (Gottes) leben.
Durch seine Wunden seid ihr geheilt.

Dieses biblische Passionslied sollte man auswendig lernen und während der Passionszeit täglich beten. Dabei sollte man das Zeichen des Kreuzes machen. Ich tue das zugleich im Schauen auf den Gekreuzigten, der mich anblickt und unter seinen ausgestreckten Armen der ganzen Kirche eine gesicherte Heimat bei sich gibt.

13. Impuls

Es könnte Großes geschehen

Reminiszere, 2. Sonntag der Passionszeit

Am 11. März 2017 haben deutsche Protestanten und Katholiken einen großen Versöhnungsgottesdienst in Hildesheim miteinander gefeiert, um gemeinsam der Reformation vor 500 Jahren zu gedenken.

Es ist das erste Mal, dass die Reformation nicht als Beginn der Trennung der evangelischen von der katholischen Kirche und Martin Luther nicht als der Held der «Freiheit eines Christenmenschen gegenüber Rom» gefeiert wurde. Stattdessen sollte es um den Beginn eines gemeinsamen Bekenntnisses zu Jesus Christus als dem einen Herrn der Kirche gehen, die darum nur eine sein kann und es wieder werden muss.

Theologisch sind sich «Rom» und «Wittenberg» deutlich mehr einig als in der Praxis, die vom Zeitgeist bestimmt ist

Der Gottesdienst stand unter der Überschrift «Erinnerung heilen – Jesus Christus bezeugen». Er wurde geleitet vom

EKD-Ratsvorsitzenden, Landesbischof Heinrich Bedford-Strohm, und dem Vorsitzenden der (katholischen) Deutschen Bischofskonferenz, Kardinal Reinhard Marx.

Beide Kirchen wollen vor Gott und voreinander ihre jeweilige Schuld bekennen, dass es damals nicht zu einer Aussöhnung gekommen ist, sondern zur Spaltung, die sich in gegenseitigem Hass und in zerstörerischen Kriegen ausgewirkt hat. Beide Kirchen wollen um Vergebung bitten und sich «im Angesicht Gottes auf die weitere Vertiefung [ihres] Miteinanders verpflichten».

So heißt es im dazu veröffentlichten «Gemeinsamen Wort zum Jahr 2017». Von Gottes Geist soll eine Überwindung der Spaltung und Schritt für Schritt eine Einung aller Christen im Glauben ausgehen, die dann auch eine Einigung der Kirchen zu der «einen, heiligen, katholischen[2] und apostolischen Kirche» ermöglichen soll, die beide Kirchen mit dem Apostolischen Glaubensbekenntnis der Alten Kirche immer bejaht haben.

Was den Inhalt des Glaubens betrifft, sind wir heute durch eifrige und ehrliche theologische Arbeit der von den Kirchen eingesetzten Dialoggruppen einander so nahe gekommen, wie man es vorher schlechterdings nicht erwartet hatte.

Wir brauchen eine neue Reformation …

Anders steht es leider mit der Praxis des Glaubens. Da haben sich sehr viele Christen in beiden Konfessionen dem «Zeitgeist» so tiefgreifend angepasst, dass darin eine Entfernung

---

[2] «Katholisch» im Sinne von: alle betreffend; vgl. griechisch *katholikos* = Ganzheit, allgemein, universal.

von der Wahrheit des biblischen Evangeliums, ja vielfach auch geradezu ein Abfall von ihr zu erkennen ist: vor allem auf sexuellem Gebiet, aber auch in persönlicher Ablehnung oder (meist sehr oberflächlicher) Umdeutung zentraler Elemente des Glaubens wie des Kreuzestodes und der Auferstehung Christi.

… durch eine ökumenische Bußbewegung

Hier bedarf es einer ganz neuen Reformation. Diese wird tiefer greifen müssen als die des 16. Jahrhunderts! Geschieht solche Umkehr bei immer mehr Christen und wird sie so zu einer ökumenischen Bußbewegung, so wird diese auch bald zu einer Einheit der Kirchen «von unten» führen!

Christen, zieht euch nicht zurück!

Wenn alle, die Christus persönlich die Treue halten wollen, sich nicht von den «lauen» Kirchen zurückziehen, sondern sich vor Ort als aktive ökumenische Gruppen sammeln, regelmäßig zu gemeinsamer Vertiefung in der Heiligen Schrift zusammenkommen und immer neue Freunde und Nachbarn mitbringen werden, dann könnten daraus in Kürze regionale Kerngruppen einer evangelisch-katholischen Kirche entstehen.

14. Impuls

Was hat Jesus für uns stellvertretend getan?

Okuli, 3. Sonntag der Passionszeit

In der Passionszeit ist es nötig, darüber nachzudenken, warum Jesus Christus stellvertretend für uns die Sünde der Welt auf sich genommen hat.

Denn bis weit in unsere Kirchen hinein gibt es heute ein verbreitetes Unverständnis, das sich manchmal auch bei Geistlichen geradezu zu einer Ablehnung steigert. Besteht doch – so denken sie – für freie Menschen keinerlei Möglichkeit, dass ein anderer an meine Stelle treten und etwas für mich tun könnte, was doch nur ich allein tun kann!

Und wenn Sünde wirklich etwas ist, durch das ich mir selbst oder anderen tiefen Schaden zugefügt habe, wie könnte das Christus wieder in Ordnung bringen? Das könnte doch nur ich! Bin doch allein ich selbst in der Lage, mich zu «bessern»!

Gibt es da keine Heilung?

Aber es gibt in unserem Leben nun einmal sehr wohl Fälle, in denen ich anderen Unrecht getan habe, wo ich nichts wiedergutmachen kann – zum Beispiel, wenn jemand durch einen von mir verschuldeten Unfall lebenslang verletzt worden oder gar zu Tode gekommen ist. Gibt es da keine Heilung im Verhältnis zwischen dieser Person und mir?

Ich habe es selbst erlebt

Auch stimmt nicht, dass es Stellvertretung zwischen freien Menschen nicht geben könnte. In jeder Hilfe, die ich anderen gebe oder von ihnen bekomme, steckt doch überall ein Stück Stellvertretung! Sogar in meiner eigenen Leiblichkeit bin ich so geschaffen, dass ein Chirurg ein krankes Organ entfernen und mit körpereigenem Gewebe dessen Funktion ersetzen kann. Das habe ich vor 28 Jahren, als ich schwer an Krebs erkrankt war, selbst erlebt.

Wer bereit ist, Gott anzuerkennen und sich seiner Hilfe anzuvertrauen, die unendlich mehr bewirken kann als alles, was wir Menschen selbst tun können, der wird auch verstehen, dass es Gottes Tun ist, der im Kreuzestod Jesu all unsere Sünde und das, was wir uns selbst oder unserem Mitmenschen angerichtet haben, an unserer Statt auf sich genommen hat, damit wir davon frei werden.

Wer nicht an Gott glaubt, in dessen Leben wirkt bereits gegenwärtig der Tod, und er wird letztlich, wenn er stirbt, eben total verfallen müssen, wenn Christus nicht ebendiesen Tod stellvertretend für uns auf sich genommen hätte. Das ist die Botschaft der Bibel: Christus hat uns von der Herrschaft des Todes über unser Leben befreit (Römer 8,1ff.)!

Diese «Freiheit eines Christen» wirkt sich bereits in unserem gegenwärtigen Leben aus – zum Beispiel darin, dass es nun die Möglichkeit einer vollen Versöhnung zwischen uns Menschen gibt, die das durch Schuld belastete oder gar zerstörte Miteinander zu heilen vermag.

Wer bereit ist, Gott anzuerkennen und sich seiner Hilfe anzuvertrauen, die unendlich mehr bewirken kann als alles, was wir Menschen selbst tun können, der wird auch verstehen, dass es Gottes Tun ist, der im Kreuzestod Jesu all unsere Sünde und das, was wir uns selbst oder unserem Mitmenschen angerichtet haben, an unserer Statt auf sich genommen hat, damit wir davon frei werden.

15. Impuls
Was Christus bewirkt hat

Lätare, 4. Sonntag der Passionszeit

Wir nähern uns der Passionswoche und wollen deshalb einen Blick werfen auf das Wirken Jesu vor seinem letzten Gang nach Jerusalem.

Es beginnt, indem Jesus sich vom Propheten Johannes taufen lässt. Es sind Sünder, die Johannes durch die Taufe Gottes Vergebung erfahren lässt. Auf Jesus als Gottes Sohn traf das jedoch nicht zu (Matthäus 3,14f.). Aber er lässt sich bewusst taufen als Akt stellvertretender Solidarität mit allen Sündern. So erfüllt er bereits zu Beginn seines Wirkens den Heilswillen der Gerechtigkeit Gottes (Vers 15) und verkündigt die Königsherrschaft, die sich in ihm, seinem Sohn, verwirklicht (Kap. 4,17).

Jesus selbst fasst seine Botschaft so zusammen: «Erfüllt ist die Zeit (der Geschichte Gottes mit seinem Volk Israel): Das Königreich Gottes ist jetzt nah! Kehrt um und glaubt an das Evangelium!» (Markus 1,15).

Es geht jetzt nicht mehr nur um Israel

Die Vollendung der Herrschaft Gottes am Ende seiner Geschichte nicht nur mit Israel, sondern mit der ganzen Schöpfung zu erwarten, dazu haben die späteren Propheten des Alten Testaments ihre Zeitgenossen ermutigt (Daniel 7,22). Jetzt – im Wirken Jesu – erfüllt sich diese Erwartung.

Aber sie erfüllt sich ganz anders, als es erwartet worden war: Gott will ein neues, ewiges Königreich gründen. Über alles hinaus, was er in seiner barmherzigen Liebe immer wieder getan hat, um Israel seinen Abfall von ihm zu vergeben (Nehemia 9,16f.26–31).

Eine totale Erneuerung seines Bundes mit Israel hatten die Propheten Jeremia (31,31ff.) und Hesekiel (36,22–28) im Namen Gottes angekündigt. Jetzt ist die Erfüllung da! Schon Johannes der Täufer ist mehr als ein Prophet (Matthäus 12,41f.), erst recht Jesus: Er ist Gottes Sohn (Markus 1,11).

Die Hinkehr zu Gott bedeutet auch die Abkehr von der Sünde

Aber es zeichnet Jesu Wirken für das Reich Gottes aus, dass es in erster Linie Sünder sind, die er zu sich ruft und um sich sammelt: Zöllner in römischen Diensten, die man damals verabscheute (Matthäus 11,19), und Prostituierte, die man als Sünderinnen öffentlich ausgrenzte (Lukas 7,39). Gerade mit ihnen feiert er Mahlzeiten, in denen die Freude Gottes an der Umkehr von Sündern die Atmosphäre bestimmt (Markus 2,15; Lukas 15,7).

Allerdings bedarf es des echten Willens eines Sünders, mit seiner ganzen Existenz zu Gott umzukehren und sich Jesus anzuvertrauen, der ihnen Gottes Vergebung zuspricht. Hinkehr zu Gott bedeutet Abkehr von der Sünde.

Sünder, die Vergebung angenommen haben und durch dieses Wunder der Gnade Gottes gerecht geworden sind, sind Jesu Tischgenossen. Sie sind die ersten Bürger des endzeitlichen Königreiches Gottes, und als solche müssen sie bereit sein, in der empfangenen Gerechtigkeit nun auch zu leben. Und in der Nachfolge Jesu – sein Vorbild vor Augen – können sie das auch.

Was Christsein bedeutet

Die Armen spricht Jesus selig, die aus eigenem Vermögen nie hätten aus dem Verderben ihres Lebens durch die Sünde herauskommen können. Der Eingang in das Reich Gottes widerfährt ihnen allein durch das Wunder der Gnade Gottes (Matthäus 5,3). Aber ihnen spricht Jesus die Seligkeit zu als solchen, die selbst zu ihresgleichen barmherzig sind wie Gott, der ihnen seine Barmherzigkeit in der Vergebung erwiesen hat (Vers 7).

Und wenn Jesus am Schluss der Reihe der Seligpreisungen (Lukas 6,20–22; Matthäus 5,3–12) denen die Zugehörigkeit zum Reich Gottes zuspricht, «die um der Gerechtigkeit willen verfolgt werden» und Hass und Verleumdung um seines Namens willen erfahren (Vers 10–12), so schließt sich der Ring mit der ersten Seligpreisung der Armen.

Das Gottesreich steht Jesu Jüngern offen im Gegensatz zum

Reich der Welt. Sie werden in vielfacher Weise das Geschick ihres Herrn zu teilen haben: «Wer mir nachfolgen will auf meinem Weg, der sage sich los von sich selbst und nehme sein Kreuz auf sich und folge mir so nach» (Markus 8,34); und Lukas fügt hinzu: «Tag für Tag» (Lukas 9,23).

Zu Jesu Wirken für das Gottesreich gehört aber auch, dass so, wie Sündern Vergebung widerfährt, auch viele Kranke geheilt, Besessene von der Macht der Dämonen befreit und sogar Tote ins Leben zurückgerufen werden (Matthäus 11,5f.). Gerade auch darin erweist Jesus zeichenhaft die Allmacht der Liebe Gottes als die Heilsmacht, die in der künftigen Vollendung seines Königreiches alles Leben von Grund auf heilen und frei machen wird.

16. Impuls

Von den verlorenen Söhnen

Judika, 5. Sonntag der Passionszeit
Jesu Verkündigung des Gottesreiches, zu dem alle Sünder Eingang finden sollen, ist damals bei den Frommen auf heftigen Widerspruch gestoßen. Sie hielten sich aufgrund tadelloser Gesetzeserfüllung für vorbildliche Gerechte.

Vor allem die Mitglieder der jüdischen Ordensgemeinschaft der Pharisäer wurden bald zu erbitterten Feinden des Mannes, der (so sagten sie) als falscher Prophet die Leute verführe und als solcher nach der Thora (den fünf Büchern Mose) den Tod verdiene (Matthäus 12,14; Markus 3,6).

Doch wo sie ihn zur Rede stellten, verloren sie den Wortstreit, weil sie seiner Vollmacht nicht gewachsen waren (vgl. zum Beispiel Lukas 20,20–26). Deshalb hielten sie Jesus für den Teufel selbst (Matthäus 9,34).

Jesus wiederum warnte seine Jünger vor den Pharisäern (Markus 8,15) und warf diesen Heuchelei vor (Lukas 11,42).

Eine merkwürdige Reaktion

In einem Gleichnis (einer Bildgeschichte) zeigt sich der Kern der Verkündigung Jesu und zugleich seiner Kritik gegen die Pharisäer:

In Lukas 15,11–32 erzählt er von dem jungen Sohn eines Vaters, der sich sein Erbe vorzeitig auszahlen lässt. Als ihm jedoch das Geld ausgeht, bekommt er nur noch als Sauhirte eine Stelle – Schweine gelten in Israel als unreine Tiere, deren Fleisch man nicht essen darf. In seiner totalen Hilflosigkeit entschließt er sich, als Tagelöhner zu seinem Vater zurückzukehren.

Wie aber der Vater ihn von fern kommen sieht, eilt er ihm entgegen und richtet ein Freudenfest zur Heimkehr dieses verlorenen Sohnes aus.

Sein älterer Bruder, der abends von der Arbeit heimkommt, hört den Festjubel, erfährt den Grund – und zieht sich grollend zurück. Mit seinem Bruder, der sich vom Vater gelöst und ein schändliches Leben geführt hat, will er nichts zu tun haben.

Der Vater geht zu ihm und bittet ihn, an seiner Freude über die Heimkehr seines Bruders teilzuhaben.

Statt dieser Bitte nachzukommen, wirft der ältere Bruder seinem Vater in seinem Groll Ungerechtigkeit vor. Ein solches Festessen habe er ihm, dem immer treuen Sohn, trotz seines steten Gehorsams nämlich nie gegeben.

Traurig über diese Reaktion des Sohnes, wirft der Vater ihm vor: «Mehr als die liebevolle Gemeinschaft mit mir in voller Teilhabe an allen meinen Gütern, die ich dir immer geschenkt habe, kannst du doch gar nicht erwarten! Warum willst du jetzt meine besondere Freude über die Heimkehr deines Bruders in die Gemeinschaft nicht mit mir teilen, die doch der gleichen Liebe entspricht, mit der ich dich bisher immer geliebt habe?»

Jesus stellte alles auf den Kopf

Diese Geschichte wirft ein Licht auf die Situation der Verkündigung Jesu: der Liebe Gottes zu allen, die als Sünder zu Gott «umkehren», und der bösen Kritik der Pharisäer, weil durch diese Möglichkeit die ganze Ordnung der Thora auf den Kopf gestellt wird.

Hat doch Jesus selbst festliche Freudenmahlzeiten mit Sündern gehalten, die auf die Wahrheit seiner Verkündigung vertrauten. Sie versammelten sich um Jesus, um ihm nachzufolgen (vgl. zum Beispiel Markus 2,13–17). Deswegen hat Jesus die Kritik der Pharisäer mit Zorn abgewiesen. Er empfand tiefen Schmerz darüber, dass diese bislang Gerechten ihre Gerechtigkeit verlieren, indem sie die grenzenlose Vergebungsliebe Gottes ablehnen.

Jetzt muss man auch entsprechend leben

Wer Jesus nachfolgt, der muss nun auch so leben, wie man im vollendeten Leben des Gottesreiches leben wird: Er muss Gott aus ganzem Herzen lieben und seinen Mitmenschen ebenso (Markus 12,29–31). Jeder, der Jesus nachfolgt, wird so leben wollen und es auch können – ein Wunder, ein ganz neues, erstaunliches und freudevolles Wunder ist es: Nehmt es an und macht es wahr. Jetzt ist die Zeit dazu da!

17. Impuls
Das eigentliche Wunder am Sonntag

Palmsonntag und Gründonnerstag
Die Passionsgeschichte ist die Vollendung des Wirkens Jesu in äußerster Radikalität.

Jesus weiß: Gottes Wille ist es, dass er als sein Sohn sein eigenes Leben stellvertretend für alle Sünder in den Tod hingibt: So sollen wir alle von unserer Sünde frei werden. Gott hebt in sich selbst seinen Zorn gegen die Sünde der ganzen Menschenwelt durch seine Liebe auf (2. Mose 34,6f.).

Die Feier der Einsetzung des Abendmahls an Gründonnerstag

Im heiligen Abendmahl wird diese Verbindung mit Christus dem einzelnen Christen in Gemeinschaft mit der ganzen um den Altar versammelten gottesdienstlichen Gemeinde zuteil und dieser wiederum mit der Gemeinschaft der ganzen Kirche der Welt.

Bei jeder Abendmahlsfeier geschieht hier ein ganz außerordentliches Wunder: Das Abschiedsmahl Jesu mit seinen zwölf Jüngern wird so gegenwärtig, dass alle, die daran teilnehmen, es heute so konkret tun wie damals die zwölf.

Am Passahabend spricht Jesus ihnen das Wunder zu: Der Brotfladen, den er bricht und an die Runde verteilt, «ist mein Leib, den ich für euch am Kreuz hingeben werde»; und der Becher mit Wein «ist der neue Bund, der durch meinen Tod neue Wirklichkeit gewinnt, so dass eure Sünden vergeben sind» (Markus 14,22–24; Matthäus 26,26–28; Lukas 22,14–20; Johannes 6,51–58). An diese Abendmahlseinsetzung erinnern wir uns am Tag vor Karfreitag, dem Gründonnerstag.

Bei jedem Abendmahl wird das Heilsgeschehen gegenwärtig

In jeder Abendmahlsfeier wird das eine Heilsgeschehen in Kreuz und Auferstehung Jesu durch die ganze Kirchengeschichte hindurch immer neu gegenwärtig. Davon sollen und können wir leben, und zwar in unserem Innersten: in Freiheit von allem Bösen, auch dem, das uns – wie Jesus – durch andere widerfährt. Und in einer Freude, die unser Leben auch dort durchstrahlt, wo wir todkrank sind.

Ich kann es aus eigener Erfahrung bezeugen, wie unsäglich gut es meinem Leben tut, durch die regelmäßigen sonntäglichen Abendmahls- bzw. Eucharistie-Gottesdienste immer wieder so unmittelbar persönlich mit Jesus verbunden zu sein!

Jede Abendmahlsfeier hat etwas Paradiesisches

Der Wille der Liebe Gottes, alle Sünder zu retten, verwirklicht sich in einer nie dagewesenen äußersten Radikalität: Sein eigenes Leben gibt Jesus im Tod für uns Sünder hin! Jesus hat die gesammelte Macht menschlicher Bosheit zu Tode gebracht und in seiner Auferstehung den Sieg über sie errungen (Markus 8,31; 9,31; 10,32–34).

Im elenden Sterben Jesu am Kreuz ist die Leben schaffende Allmacht der Liebe Gottes insgeheim bereits gegenwärtig. Darum kann Jesus dem einen der beiden neben ihm Mitgekreuzigten auf dessen Bitte, er möge «seiner gedenken, wenn er in sein himmlisches Reich hinübergeht», die höchst erstaunliche Antwort geben: «Heute wirst du mit mir zusammen im Paradies sein!» (Lukas 23,42f.).

Etwas Paradiesisches hat jede Abendmahlsfeier!

Im heiligen Abendmahl wird diese Verbindung mit Christus dem einzelnen Christen in Gemeinschaft mit der ganzen um den Altar versammelten gottesdienstlichen Gemeinde zuteil und dieser wiederum mit der Gemeinschaft der ganzen Kirche der Welt.

Bei jeder Abendmahlsfeier geschieht hier ein ganz außerordentliches Wunder: Das Abschiedsmahl Jesu mit seinen zwölf Jüngern wird so gegenwärtig, dass alle, die daran teilnehmen, es heute so konkret tun wie damals die zwölf.

18. Impuls

Es stimmt: Jesus ist leibhaftig auferstanden

Ostersonntag

«Christ ist erstanden von der Marter alle» – so besingen wir Christen seit Jahrhunderten das größte Wunder Gottes, das die Mitte unseres Glaubens ist. Denn es ist der am Kreuz Hingerichtete, den Gott als seinen Sohn wirklich aus dem Tode auferweckt und auf ewig mit seinem Leben verbunden und mit sich vereint hat.

Es gibt Hunderte von Zeugen

Von der Auferstehung Jesu Christi spricht das älteste Glaubensbekenntnis der Urkirche und benennt als ihre ersten Zeugen Petrus und dann den Kreis der zwölf Jünger, denen der Auferstandene persönlich erschienen ist und sie zur Verkündigung seines Todes «für unsere Sünden» und seiner Auferstehung aus seinem Grab am dritten Tage bevollmächtigt und gesandt hat (1. Korinther 15,3–5).

Paulus nennt hier auch weitere Zeugen: Fünfhundert Brüder (dazu müsste man natürlich noch die Frauen zählen, die ihn auch gesehen haben), den Bruder Jesu, Jakobus, und alle anderen, die der Auferstandene ebenfalls zu Aposteln berufen hat (Vers 6–7). Als Letzten fügt Paulus sich selbst hinzu (Vers 8–10): Sogar ihn, der Jesus gehasst und seine Kirche verfolgt hat, hat dieser als auferstandener Sieger in der Kraft der Gnade Gottes zum Apostel aller nichtjüdischen Völker mit aller Vollmacht und Wirkkraft in die ganze Welt gesandt!

Außer Paulus haben alle übrigen Zeugen Jesus bereits vor Ostern in Galiläa gekannt. Nur er hat ihn erst in der Erscheinung des Auferstandenen gesehen. Darum fiel es den Christen in Jerusalem zuerst sehr schwer, ihn als Bruder und zudem noch als vom auferstandenen Herrn selbst gesandten Missionar der nichtjüdischen Völker anzuerkennen (Galater 1,22f.; Apostelgeschichte 9,1–22).

Sie hatten keinen Zweifel

Die vielen Namen weisen darauf hin, dass ihnen allen der auferstandene Herr selbst «erschienen» ist. Sie alle haben ihn persönlich gesehen (*ophthä*) und als Jesus, ihren Herrn, erkannt. Und sie alle haben aus seinem Munde den Auftrag, ihn zu verkündigen, gehört.

Das gilt auch für Paulus. Das Wort des Auferstandenen war so mächtig, dass er sofort – im selben Augenblick – seine Vergangenheit abgebrochen und den Anbruch einer ganz neuen Lebensphase erfahren hat. So spricht er von seinem «Sehen» (1. Korinther 15,8–10) als einer ihm durch Gottes Geist widerfahrenen «Offenbarung» (Galater 1,12–16).

Wo es so viele waren, denen das gleiche Wunder des Sehens und Hörens widerfahren ist, war ihnen allen die Wirklichkeit der Auferstehung Jesu völlig gewiss. Die Rede von der Auferstehung Jesu ist auch heute als Wirklichkeit der Geschichte schlicht anzuerkennen.

Sie kann *nicht* psychologisch erklärt werden, wie es manche Theologen tun: Die Jünger hätten das schreckliche Ende ihres Lehrers nicht ertragen können, so dass sich ihnen das Wissen seiner Auferstehung schlicht aufgedrängt habe.

Das leere Grab ist keine fromme Erfindung

Dazu kommt noch ein anderes: Das Grab, in das der Leichnam Jesu von Freunden gelegt worden war (Markus 15,42–47), haben drei seiner Jüngerinnen in der Morgenfrühe des dritten Tages danach leer aufgefunden (Markus 16,1–7); und das ist dann von Jüngern bestätigt worden (Lukas 24,12.22–24).

Wäre diese Erzählung eine fromme Erfindung aus späterer Zeit, wie es viele Theologen heute meinen, so hätte der Verkündigung der Auferstehung aus Tod und Grab (1. Korinther 15,3–5) in der Öffentlichkeit Jerusalems das noch verschlossene, unberührte Grab als jedermann sichtbar mit allgemeinem Spott entgegengehalten werden können.

Das Umgekehrte war der Fall: Jüdische Gegner aus dem Führungskreis haben die Wirkung dieser Verkündigung der Christen in der Bevölkerung der Stadt durch das Gerücht einzudämmen gesucht, Jesu Jünger hätten den Leichnam Jesu aus dem Grab entwendet (Matthäus 28,11–15). Das war aber bereits damals ganz unglaubhaft und so eine gescheiterte Gegenaktion.

Das leere Grab Jesu ist eine Tatsache, die die Kunde von Jesu Auferstehung zwar nicht beweist, wohl aber durch viele Zeugnisse bestätigt.

Wir können in fröhlicher Gewissheit singen

Die Kirche darf auch heute ihrer Umwelt die geschichtliche Wirklichkeit des Wunders der Auferstehung ihres Herrn voller Glaubensüberzeugung verkündigen und in ihren Ostergottesdiensten in fröhlicher Gewissheit singen:

Erstanden ist der heilig Christ,
der aller Welt ein Tröster ist.

Und wär er nicht erstanden,
so wär die Welt vergangen.

Und seit dass er erstanden ist,
so loben wir den Herren Christ.

Halleluja. Halleluja.

Evangelisches Gesangbuch 105,1–3

Außer Paulus haben alle übrigen Zeugen Jesus bereits vor Ostern in Galiläa gekannt. Nur er hat ihn erst in der Erscheinung des Auferstandenen gesehen. Darum fiel es den Christen in Jerusalem zuerst sehr schwer, ihn als Bruder und zudem noch als vom auferstandenen Herrn selbst gesandten Missionar der nichtjüdischen Völker anzuerkennen.

19. Impuls

Ich weiß, dass Christus lebt

Quasimodogeniti
Der Sonntag nach Ostern wird im Kirchenjahr «Quasimodogeniti» genannt.
Der lateinische Begriff heißt übersetzt: «Wie neugeborene Kinder».

Das heißt: Mit der Umkehr und Taufe am Anfang unseres Christenlebens hier auf Erden sind wir geistlich neugeboren und Kinder Gottes (1. Petrus 1,3ff.). Durch den Glauben wiederum bekommen wir eine Kraft, in der wir beispielsweise Leiden, das uns trifft, tapfer durchstehen können. Ja, wir können sogar «jubeln» (Vers 6), weil die Freude, die uns geschenkt wird, in alles Dunkel hinein das Licht der Auferstehung, die uns bevorsteht, hineinstrahlen lässt.

Ich habe es selbst erlebt

Beides habe ich selbst erlebt: die Freude über den Glauben, den ich in den letzten Kriegstagen als «Kindersoldat» inmitten meiner panischen Angst vor den Vernichtung ausspeienden Panzern durch Jesu Stimme plötzlich empfangen habe (vgl. Johannes 16,33). Das Vertrauen zu Jesus hat mich seitdem nie verlassen, auch nicht in Zeiten schwerster Krankheiten, die ich durch Gottes Wunderkraft überwinden durfte.

«Kannst du denn etwa deinen Jesus sehen, an den du so unbeirrt glaubst?» So fragen mich viele.

Ich darf antworten: «Nein, aber ich weiß, dass er, auferstanden aus seinem Kreuzestod, lebt. Und ich liebe ihn als Gottes Sohn, auch ohne ihn zu sehen (Johannes 20,29; 1. Petrus 1,8): den Sieger über alle Mächte des Todes (vgl. Apostelgeschichte 2,24).»

Ja, im Glauben weiß ich auch, dass mir meine eigene Auferstehung bevorsteht, wenn ich einmal sterben werde (vgl. 1. Petrus 1,9).

Es geht uns wie den Propheten

So geht es mir wie den alttestamentlichen Propheten, die in großartiger Gewissheit das bevorstehende Heilsgeschehen Gottes angekündigt haben, ohne es selbst zu wissen, dass es sich im Tod und in der Auferstehung Jesu verwirklichen wird (Vers 10f.). Eben weil das wirklich geschehen ist, predigen wir jetzt in der gleichen Gewissheit wie sie das bevorstehende Wunder der künftigen Auferstehung aller Glaubenden als die ewige Vollendung des Heilshandelns Gottes – auch ohne dass wir es jetzt schon erfahren (Vers 12).

Warum ich mir so sicher bin

«Wie kannst du als vernünftig denkender, moderner Mensch solche Fabeleien als Gewissheit daherpredigen?» Meine Antwort: «Nicht als Gebilde meiner Vernunft habe ich diese absolute Gewissheit der Hoffnung des Glaubens in mir, sondern weil es die Stimme des Geistes Gottes ist, die ich im Glauben hören darf (Vers 11). Dieser Geist Gottes ist es, der den Geist unserer menschlichen Vernunft wissen lässt, ‹dass wir Gottes Kinder sind›» (Römer 8,16)!

Verstehen Sie jetzt, warum ich 1. Petrus 1,3–12 als Bibeltext dieses Sonntags nach Ostern besonders liebe?

20. Impuls
Was ist Wahrheit?

Miserikordias Domini, 2. Sonntag nach Ostern
Von Ostern her fällt neues Licht auf das ganze Wirken Jesu, wie es im Johannes-Evangelium erzählt wird.

Dort ist Jesus von Anfang an der Sohn Gottes, der auch als Menschgewordener ganz eins ist mit seinem himmlischen Vater (Johannes 10,30). Als das Wort Gottes ist alles, was er seinen Jüngern – aber auch seinen Feinden – sagt, volle und letzte Wahrheit: Er *ist* die Wahrheit (Kap. 14,6; vgl. 18,37). Darum gibt es keinen Glauben an Gott, der nicht Glaube an Jesus ist, den Gott als seinen Sohn zum alleinigen Zeugen seiner Wahrheit gemacht hat (Kap. 14,8–11).

Glaube an Gott ist Glaube an Jesus

Aber: «Was ist Wahrheit?» Das ist die entscheidende Frage von Pontius Pilatus, dem Repräsentanten des römischen Kaisers, auf die er keine direkte Antwort erhält (Kap. 18,38). Doch dadurch, dass er Jesus zum Tod am Kreuz verurteilt, erfüllt sich die Wahrheit, die Pilatus in all seiner Macht nicht kennt (Kap. 19,11).

Als der Gute Hirte gibt Jesus sein Leben hin für seine Schafe (Kap. 10,11), um sie vor dem Wolf zu retten; denn er liebt seine Schafe, sie liegen ihm am Herzen (Vers 14). Eben diese rettende Liebe ist es, die ihn mit Gott eint (Vers 15).

Was der Psalmist in Psalm 23 («Der Herr ist mein Hirte») von Gott als dem Hirten seines Volkes bekennt – nahezu jeder von uns kennt dieses Lied –, das hat sich in der Liebe Jesu zu seinen Jüngern voll verwirklicht. Wir alle gehören zur Herde seiner Jünger (Johannes 10,16). Jeden Einzelnen von uns kennt er mit seinem Namen (Vers 3), und jeder ist ihm persönlich vertraut.

Darum kann und soll die Kirche Gottes durch alle Jahrhunderte hindurch die eine Herde Jesu sein (Kap. 17,20f.). In seiner Liebe und im vollen Vertrauen des Glaubens zu ihr sind alle eins, auch über alle Trennungen hinweg. Der Glaube an Jesus, den Guten Hirten, vereint alle Glaubenden.

Die Rückkehr

Das nun ist das Geheimnis, das in keinem Evangelium dichter zu Wort kommt als in dem des Johannes. Die barmherzige Liebe, in der der «Gute Hirte» Jesus sich am Kreuz für alle in den Tod hingibt, und die Macht der Liebe Gottes, durch die der Vater seinen Sohn aus dem Tod auferweckt hat, sind unmittelbar eines:

Im Augenblick seines Sterbens ist seine Sendung «vollendet» (Johannes 19,30). So ist sein Tod zugleich seine «Erhöhung», seine Rückkehr in die Einheit mit seinem Vater, von der er ausgegangen ist (Kap. 1,1–3; vgl. 17,4f.). Das ist der Aspekt, in dem die ganze Geschichte Jesu vom Ostergeheimnis ihr Licht bekommt.

Ich lese ihm alles vor

In der Mitte meines Schreibtischs, an dem ich täglich arbeite, steht die berühmte Christus-Ikone vom Katharinenkloster im Sinai: Ich schaue ständig in tiefer Vertrautheit zu ihr auf. Denn der Auferstandene schaut mich durch sie sinnbildlich mit einem solchen Ernst und zugleich mit einer solchen mir zugewandten Würde seiner Liebe an, dass ich gar nicht anders kann, als ihm alles, worin ich gefehlt habe, zu bekennen und zugleich in tiefem Dank für seine Vergebung ihm mich und alles, woran ich arbeite, ganz persönlich anzuvertrauen.

Die Figur des Christus hält in ihrem linken Arm die Heilige Schrift in ihrer ganzen Fülle und segnet sie und zugleich mich mit ihrer rechten Hand. So steht Jesus vor mir, der Gute Hirte all seiner Schafe.

Diese Ikone erinnert mich daran: Jesus Christus kann ich alles anvertrauen, was ich sonst niemand anderem eröffnen mag. Ihm darf ich alles vorlesen, was ich erarbeitet habe. Und alle meine Fürbitten trage ich ihm vor.

Das nun ist das Geheimnis, das in keinem Evangelium dichter zu Wort kommt als in dem des Johannes. Die barmherzige Liebe, in der der «Gute Hirte» Jesus sich am Kreuz für alle in den Tod hingibt, und die Macht der Liebe Gottes, durch die der Vater seinen Sohn aus dem Tod auferweckt hat, sind unmittelbar eines:

Im Augenblick seines Sterbens ist seine Sendung «vollendet». So ist sein Tod zugleich seine «Erhöhung», seine Rückkehr in die Einheit mit seinem Vater, von der er ausgegangen ist. Das ist der Aspekt, in dem die ganze Geschichte Jesu vom Ostergeheimnis ihr Licht bekommt.

21. Impuls

Dann zieht sich der Heilige Geist zurück ...

Jubilate, 3. Sonntag nach Ostern

Dieser Sonntag trägt den Namen «Jubilate» («Jubelt!»). An diesem Sonntag soll es um das gehen, was Paulus in 1. Thessalonicher 5,16–18 unter anderem schreibt: «Betet fröhlich und dankbar, in jubelndem Lobpreis.»

Im Geist Gottes jubilieren, das ist heute oft nur noch zu hören entweder in dem uralten Psalmensingen der benediktinischen Klöster oder aber – gänzlich anders – in den verschiedenen charismatisch-pfingstkirchlichen Gemeinschaften.

Ich habe es während meiner Zeit als Theologieprofessor in Hamburg in den 70er Jahren zuerst in meiner St.-Petri-Kirche erlebt, wie in unseren liturgisch geprägten Gottesdiensten auf einmal einige mit hoch erhobenen Armen lauthals zu jauchzen begannen. Rasch wurden es immer mehr, und es entstanden zahlreiche Gruppen, die ihre «Lobpreisgottesdienste» später gesondert hielten, weil beide Gottesdienstformen allzu verschieden waren.

Die Charismatiker trennten sich von unserer Gemeinde

Weil uns alten «Petrianern» diese Art allzu dramatischer Begeisterung recht fremd war und weil noch dazu leider unsere beiden Pastoren gegeneinander zu streiten begannen, trennten sich die Charismatiker von uns und organisierten sich als eigene Gemeinde.

Erst als ich in der Zeit meines Bischofsdienstes für den Kontakt mit den verschiedenen geistlichen Gemeinschaften (Kommunitäten) zuständig wurde, habe ich gelernt, dass der Heilige Geist viele verschiedene Weisen hat, sich zu äußern. Das Jubeln gehört mit dazu. Darin gibt sich die Freude kund, die der Heilige Geist schenkt.

Christen sollten sich schnell versöhnen

In anderen Bereichen der Welt – vor allem in Südamerika – ist der Jubel eines charismatischen Christentums weit verbreitet und in ständigem Wachstum begriffen. Leider grenzen sich diese geistlich sehr lebendigen Gemeinden häufig ab von den katholischen und den wenigen lutherischen Gemeinden, und manchmal auch diese von jenen: Wo jedoch solche Zwietracht zwischen Christen entsteht, wird der Heilige Geist verraten. Denn er stellt in seinem Wesen die Liebe Gottes dar.

Laut jubilierende und stille Weisen, in denen er in und unter uns Menschen zur Wirkung kommt, gehören zusammen. Wenn Streit zwischen ihnen aufkommt, zieht er sich zurück.

Deshalb sollten sich Christen immer schnell miteinander versöhnen und einander anerkennen.

Gerade aber, wenn der Geist Gottes außerordentlich in uns wirkt, ist die Gefahr nahe, dass wir ihn zu unserer eigenen Sache machen. Aber in allen Formen, in denen er sich äußert, ist es Gott, der in uns wirkt. Er schafft Gemeinschaft unter uns und will uns einigen. Echtes geistliches Leben führt zueinander und nicht auseinander.

Jubiliert, seid aber auch mal still!

Und es war wunderschön, den Reichtum des Geistes zu erleben, als meine Frau und ich, wo immer wir hinkamen auf unseren Besuchsreisen zu den Kommunitäten, stets ganz verschieden geprägtes geistliches Leben vorfanden und mit unseren Gastgebern teilen durften. Und beglückend war bei den jährlichen Treffen der leitenden Geschwister der Kommunitäten die Selbstverständlichkeit zu erleben, in der wir miteinander singen und jubilieren konnten, um Gott zu preisen und zu danken. Aber wir konnten auch gemeinsam Stille halten, um zu hören, was Gott uns sagen wollte.

Erst als ich in der Zeit meines Bischofsdienstes für den Kontakt mit den verschiedenen geistlichen Gemeinschaften (Kommunitäten) zuständig wurde, habe ich gelernt, dass der Heilige Geist viele verschiedene Weisen hat, sich zu äußern. Das Jubeln gehört mit dazu. Darin gibt sich die Freude kund, die der Heilige Geist schenkt.

22. Impuls

Christen, jetzt singt und musiziert!

Kantate, 4. Sonntag nach Ostern

«Singt dem HERRN ein neues Lied, denn er tut Wunder» (Psalm 98,1) – das ist die Aufforderung dieses Sonntags, der im Kirchenjahr «Kantate» («Singt!») genannt wird.

Das Singen ist seit uralten Zeiten eine besonders intensive Weise gemeinsamen Betens. Darum gehört seit Luthers Zeit das Gesangbuch zusammen mit der Bibel wesentlich zum christlichen Alltag dazu.

In den Gottesdiensten der lutherischen Kirche bitten wir mit dem ersten Choral Gott um seine Gegenwart und mit dem Schlusslied um seinen Segen für die ganze Woche. In den Liedern vor und nach der Predigt antworten wir auf das, was die Bibel uns sagt. Sie drücken aus, was der Geistliche uns (hoffentlich) zum Verständnis des Glaubens und zum Gehorsam dessen verkündigt, was die Gemeinde aus dem für diesen Sonntag bestimmten Abschnitt aus der Bibel hören und in die Woche mitnehmen soll. Und schließlich besingt das Wochenlied das Thema dieses Sonntags.

Warum die Orgel so viele Register hat

Es gibt viele Arten zu singen: Lobpreis und Dank auf der einen Seite und Bitte und Flehen auf der anderen. Darum hat die Orgel, die in vielen Kirchen unser Singen begleitet und verstärkt, eine solche Fülle von Registern. Und der Chor, der mit seinem Lobpreis den Kirchenraum erfüllt – manchmal mit begleitenden Instrumenten –, gibt dem Gottesdienst einen festlichen Klang.

Lernen Sie Psalmen und Choräle auswendig!

Singen und Musizieren sind dabei stets Ausdruck jubelnden wie auch flehentlichen Betens. Sie haben geistlichen Charakter. In manchen Bach-Chorälen kann man die Stimme des Geistes besonders eindrucksvoll hören; und seine Motetten, Kantaten und Oratorien sind geradezu Predigten, die zu Herzen gehen.

Nicht umsonst sind Psalmen geistliche Lieder – bis hin zu Marias großartigem Lobgesang (Lukas 1,46–55). Wer sie auswendig sprechen oder singen kann, hat geistliche Schätze in sich.

Oft habe ich es erlebt, dass bei Menschen mit Demenz das Einzige, das in ihr verschlossenes Inneres Eingang findet, Psalmen wie Psalm 23 oder Choräle wie «Befiehl du deine Wege» sind. Diese können sie – manchmal nur mit Lippenbewegungen – mitbeten bzw. mitsingen. Das ist für mich immer sehr eindrucksvoll.

Wird doch so die Gemeinschaft zwischen uns durch Gottes

Geist ganz konkret spürbar. Manch einer stirbt auch mit einem Psalmvers auf den Lippen.

Modern oder klassisch? Egal, solange es von Herzen kommt!

«Singt dem Herrn ein neues Lied» – sollen es immer neue Lieder sein, die wir singen? Soll jede Generation im Gottesdienst so singen, wie es in ihrem Alltag üblich ist? Das ist gewiss möglich, wenn nur der Inhalt biblisch ist und das Singen und Spielen geistlich von Herzen kommt. Nach Psalm 98 kommt jedes «neue Lied» von Gott und besingt seine Wunder. Ist das der Fall, so sollte es keinen Streit um neue Lieder geben – wenn denn die bewährten alten nicht vergessen werden. Und sollte das heute geschehen, so wird doch die Generation nach uns die alten Lieder wiederentdecken!

Oft habe ich es erlebt, dass bei Menschen mit Demenz das Einzige, das in ihr verschlossenes Inneres Eingang findet, Psalmen wie Psalm 23 oder Choräle wie «Befiehl du deine Wege» sind. Diese können sie – manchmal nur mit Lippenbewegungen – mitbeten bzw. mitsingen. Das ist für mich immer sehr eindrucksvoll.

23. Impuls

Betet – egal wie!

Rogate, 5. Sonntag nach Ostern

«Rogate» («Betet!»), so lautet im Kirchenjahr die Überschrift über dem heutigen Sonntag. Aber was ist das eigentlich: Beten?

Man hört heute immer wieder von Menschen, die von sich meinen, sie seien keine Christen. Das einzig Religiöse, das sich in ihnen allenfalls noch rege, sei, dass sie ab und an still beten.

Wenn sich Menschen so äußern, sollte man nicht denken, das könne kein echtes Beten sein. Denn weil der Mensch als «Bild Gottes» geschaffen ist (1. Mose 1,26), gehört dazu, dass er auch begabt ist, mit Gott zu kommunizieren.

Beim Beten kommt es nicht auf die Form an

Es liegt dem Menschen nahe, zu beten, auch wenn es nur der Fall ist, wenn er sich in Not befindet. Grundsätzlich gibt es einen Reichtum an Gebetsformen als Wirken des Heiligen Geistes in uns. Da gibt es nicht nur die stille Versenkung in uns selbst, sondern auch das Gebet in Gemeinschaft in kleinen Kreisen und mit vielen im Gottesdienst. Es sind frei formulierte Gebete ebenso möglich wie vorformulierte, feste Texte aus der Bibel oder aus dem Gesangbuch.

Beten als Gabe des Geistes

Wichtig ist vor allem: Beten ist Reden mit Gott und kein Selbstgespräch! Dass Gott zum Gespräch mit uns da ist, ist ein Wunder, das man nicht von sich aus herstellen kann. Darauf muss jeder sich einlassen, wenn er beten will. Und dazu sollte man den Heiligen Geist anrufen, sonst kann unser Gebet schnell zu leerem Gerede werden.

Schon so mancher hat zu beten gelernt, indem er einfach die Gebete im Gottesdienst mitspricht. Man kann sich aber auch von einem Einzelnen, der lebenslang mit dem Beten lebt, einführen lassen.

Gebete auf den Lippen, mit denen man sterben kann

Ich habe zu beten gelernt in einem Pfarrhaus, in dem die Familie regelmäßig in einer Hauskapelle morgens, mittags und abends zu dem gemeinsamen «Stundengebet» zusammenkam. Später habe ich diese Form zu beten in den geistlichen Gemeinschaften – den «Kommunitäten» – wiedergefunden.

Die ständige Wiederholung der gleichen Texte ist längst zu einem Schatz in mir geworden. Überhaupt: Alle auswendig gelernten Gebete, sei es aus dem «Stundengebet», aus der Bibel (Psalmen!) oder aus dem Gesangbuch, sind wichtige Lebenshilfen. Mit ihnen auf den Lippen kann man dann auch getrost sterben.

24. Impuls

Der Regierungsantritt von Christus

Himmelfahrt und Exaudi (6. Sonntag nach Ostern)

Himmelfahrt ist ein Fest, mit dem auch viele Christen wenig anfangen können und aus dessen Anlass leider mancherorts nicht mal Gottesdienste stattfinden.

Im Apostolischen Glaubensbekenntnis heißt es im Blick auf dieses Ereignis über Jesus: Er ist «aufgefahren in den Himmel, er sitzt zur Rechten Gottes, des allmächtigen Vaters; von dort wird er kommen, zu richten die Lebenden und die Toten». Diese Beschreibung zeigt, wie höchst wichtig das Gedenken an Himmelfahrt ist. Man könnte das Fest auch als Erinnerung an den Regierungsantritt von Christus bezeichnen.

Der «Himmel» ist für die Alten der Ort Gottes

Dass Jesus am Ende seiner Zeit als Auferstandener von der Erde in den Himmel erhoben worden ist, ist trotzdem ein Bild, das leicht falsche Vorstellungen erweckt. So liegt die

Frage nahe, ob er vielleicht früher als der erste Mensch auf dem Mars gelandet sei.

Man muss sich der Symbolik der Sprache bewusst sein, in der Lukas von diesem Ereignis erzählt: Jesus habe seine Jünger gesegnet und sei dann in einer Wolke entschwunden (Lukas 24,51; Apostelgeschichte 1,9). Da für die Alten «der Himmel» der Ort Gottes war, konnte es für die Jünger nur der Himmel sein, in den hinein ihr Herr durch die Kraft des göttlichen Geistes «(fort)gegangen» war.

Und der Engel korrigiert ihr Hinaufstarren: «Was steht ihr hier und starrt nach oben? Am Ende aller irdischen Zeit wird euer Herr aus dem ‹Himmel› zu euch zurückkehren», um seine Jünger aller Jahrhunderte in Gottes ewiger Nähe zu bergen (Apostelgeschichte 1,11).

Bis dahin werden Christen in ihrem irdischen Leben im Glauben mit ihm verbunden sein (Johannes 20,29; 1. Petrus 1,8), ohne ihn als Menschen in ihrer Mitte zu haben wie ehemals seine ersten Jünger in Galiläa und Jerusalem (Johannes 17,9ff.). Im Johannes-Evangelium ist zu lesen, dass in der nachösterlichen Zeit der Kirche der Heilige Geist an seine Stelle tritt (Kap. 16,12–14). Deswegen ist im Kirchenjahr das Fest der Himmelfahrt Christi zeitlich so nah mit dem Pfingstfest verbunden.

Wir hören mit den «Ohren des Glaubens»

Nach Ostern war der Auferstandene nicht nur für die Jünger sichtbar, sondern, wie Paulus im Brief an die Gemeinde im griechischen Korinth schreibt, von «mehr als fünfhundert

Brüdern» (mit Frauen und Kindern also vermutlich von über tausend Menschen) gesehen worden. Sie alle sollten Zeugen sein, dass Jesus wirklich leibhaftig auferstanden ist.

Seine «Himmelfahrt» lässt alle Christen im Glauben an ihren Herrn leben, den sie leibhaftig nicht sehen, den sie aber mit den «Augen des Glaubens» ganz nah bei sich haben und dessen Stimme sie mit den «Ohren des Glaubens» zu hören vermögen. So kann man sagen: Himmelfahrt ist der Sache nach «das Fest des reinen Glaubens».

An Pfingsten geht es dann darum, dass und wie alle Glaubenden der nachösterlichen Zeit mit der Hilfe des Geistes lernen können, mit dem unsichtbaren Jesus so zu kommunizieren wie seine irdischen Jünger vor Ostern (Lukas 24,49; Markus 16,15–20).

«Herr, erhöre uns!»

«Exaudi» («Erhöre uns!») heißt der Sonntag zwischen Himmelfahrt und Pfingsten. Da lernt die Kirche, ihren unsichtbaren Herrn in seiner geistlichen Nähe anzurufen:

«Herr, höre meine Stimme, wenn ich rufe! Sei mir gnädig und antworte mir! Mein Herz hält dir vor dein Wort: ‹Ihr sollt mein Antlitz suchen.› Darum suche ich auch, Herr, dein Antlitz» (Psalm 27,7f.; Luther 2017).

Und was dann als Antwort Gottes folgt, spricht der Psalmist in so erstaunter Naivität aus: «Kommt her und hört mir zu. Ich will erzählen, was er an mir getan hat: Zu ihm rief ich mit meinem Munde – da war ein Loblied auf meiner Zunge!» (Psalm 66,16f.).

25. Impuls
Das Geheimnis von Pfingsten

Pfingsten

«Nun kommt ja schon bald der Sommer» – anderes wissen viele heute über Pfingsten nicht mehr zu sagen.

Gewiss, man darf sich sehr wohl der Schönheit unserer Erde in dieser Jahreszeit erfreuen. In der Tat ist Gottes Schöpfung schön – aber an Pfingsten geht es um etwas anderes: Es geht um Gott, der den Glauben in uns erschafft. Der nicht nur die Natur als seine äußeren Werke liebt, sondern auch die Wunder seiner Gegenwart schafft, so dass wir sein Wort hören und ihm im Gebet antworten können.

Wer immer Gottes Geist empfangen hat, der öffnet ihm sein ganzes Herz mit großer andauernder Freude und lernt gern, seinem Wirken gehorsam zu sein.

Es begann mit Feuerflammen

Die Pfingstgeschichte (Apostelgeschichte 2) berichtet vom stürmischen Anfang des Wirkens des Heiligen Geistes: Wie Feuerflammen setzt er sich jedem der vielen Versammelten auf die Stirn; und in wunderbarer Weise lässt er jeden in einer anderen Sprache der Welt den Anbruch der Heilszeit seit der Auferstehung Jesu Christi proklamieren.

So kündigt sich die ökumenische Kirche aus allen Völkern der Welt an, der jeder zugehört, der die Taufe empfangen hat. Petrus machte damals allen die Geschichte von Jesus als dem Sohn Gottes bekannt. Seit Pfingsten geht diese Predigt in alle Welt.

Durch die Taufe stehen wir in Verbindung mit Gott

Gott hat es so vorgesehen, dass er seinen Geist jedem Getauften schenkt und sie so ihr Leben lang mit ihm in Verbindung bleiben. Ein Getaufter soll zu einem geistlichen Menschen werden, der durch die Kraft des Namens Jesu Christi (Apostelgeschichte 10,48) im Akt der Taufe und kraft des Glaubens zu einem Kind Gottes geworden (Johannes 1,12; Galater 4,6f.) und durch seinen Geist in die große Familie der Kirche Gottes aufgenommen worden ist (1. Korinther 12,13).

Die Pfingstgeschichte endet so mit der Taufe all der vielen, die durch die Predigt des Petrus zum Glauben gekommen sind (Apostelgeschichte 2,41). Schon die Himmelfahrtsgeschichte enthält Jesu Ankündigung der Taufe seiner Jünger (Kap. 1,5.8).

Der Heilige Geist befreit vom Zeitgeist

Wer den Heiligen Geist empfangen hat, der soll ihm auch gehorsam sein. Dieser Geist befreit von der Macht, dem Zeitgeist (dem Geist des «Fleisches»; Galater 5,1.16) zu folgen.

«Wo der Geist des Herrn ist, da ist Freiheit» (2. Korinther 3,17) – eine herrliche, wunderbare, alles Leben durchdringende Freiheit, die mit Freude gelebt werden kann.

Die Kraft des Geistes überwindet alles

Man kann also dem Geist Gottes gehorsam leben. Leider tun das aber viele nicht. Der Gradmesser dessen, wo Gehorsam in Ungehorsam umschlägt, ist heute das Verständnis von Autonomie – also der Glaube, unabhängig zu sein. Wer das Recht zu haben meint, seine Freiheit so zu leben, wie er oder sie selbst es will, hat mit dem Willen des Geistes Gottes gebrochen.

Die Autonomie, zu der Gott uns befreit, besteht darin, niemand anderem zu gehorchen als seinem Willen. Denn sein Wille ist es, dass wir einander so lieben, wie Gott uns liebt. Das heißt aber: Wenn wir einander lieben, können wir so frei von allem Egoismus füreinander da sein, wie Gott ganz und gar frei ist in der Hingabe für seine Kinder.

Das ist das Geheimnis von Pfingsten: Die Kraft des Geistes überwindet alles Widergöttliche in uns. Sie macht uns frei. Sie lässt uns so wir selbst sein, wie Gott uns als unser Schöpfer gewollt und uns als unser Erlöser in Christus von der Macht der Sünde befreit hat.

«Der Herr ist der Geist; und wo der Geist des Herrn ist, da ist Freiheit» (2. Korinther 3,17). «Wenn wir leben im Geist, so lasst uns auch leben auf den Wegen des Geistes!» (Paulus im Brief an die Galater 5,25).

Man kann also dem Geist Gottes gehorsam leben. Leider tun das aber viele nicht. Der Gradmesser dessen, wo Gehorsam in Ungehorsam umschlägt, ist heute das Verständnis von Autonomie – also der Glaube, unabhängig zu sein. Wer das Recht zu haben meint, seine Freiheit so zu leben, wie er oder sie selbst es will, hat mit dem Willen des Geistes Gottes gebrochen.

Die Autonomie, zu der Gott uns befreit, besteht darin, niemand anderem zu gehorchen als seinem Willen. Denn sein Wille ist es, dass wir einander so lieben, wie Gott uns liebt.

26. Impuls

Ich bete trinitarisch. Und Sie?

Trinitatis, 1. Sonntag nach Pfingsten

Weihnachten, Ostern und Pfingsten sind die drei Höhepunkte des Kirchenjahres. Das wird auch daran deutlich, dass nur diese drei Feste jeweils an zwei Tagen begangen werden.

Dreimal gefeiert wird die Liebe des einen Gottes, die in seinem Sohn als Mensch zu den Menschen gekommen ist. Jesus Christus hat im Tod am Kreuz den Heilswillen seines Vaters vollbracht. Und Gott hat in der Auferweckung seines Sohnes den Sieg über alle Todesmächte des Bösen errungen. Der Geist des Vaters und des Sohnes erfüllt das Leben jedes einzelnen Christen und der ganzen einen Kirche mit der Freiheit und der Liebe des einen Gottes.

Schon das erste Bekenntnis war trinitarisch

So klar es ist, dass Gott als Vater, Sohn und Geist in ihrem Handeln eins sind, so schwierig ist es, die Einheit dieser drei in ihrem Verhältnis zueinander zu verstehen. Sind es doch eindeutig drei «Personen», die in diesem dreifachen Heilsgeschehen je das ihrige zu tun haben. Als Vater, Sohn und Geist haben sie ja auch ihre eigenen Namen, die nicht auswechselbar sind.

Das früheste «Apostolische» Glaubensbekenntnis war daher auch von Anfang an trinitarisch gegliedert. Und so kennen wir es aus unseren Gottesdiensten, die «im Namen des Vaters und des Sohnes und des Heiligen Geistes» beginnen und schließen. Die Taufe wird zum Sakrament dadurch, dass beim Begießen des Täuflings der dreifache Name Gottes genannt wird.

Ein Wesen, das zusammen angebetet wird

Im 4. Jahrhundert hatten die Lehrer große Mühe (und viel Streit), um in einem erweiterten Bekenntnis der ganzen Kirche die Einheit und Dreiheit Gottes so zu formulieren, dass beides im richtigen Verhältnis zueinander benannt wird.

Das ist zuerst im Jahr 325 durch das Konzil im kleinasiatischen (heute türkischen) Nizäa und endgültig im Jahr 381 in Konstantinopel geschehen in dem übereinstimmenden Wortlaut, der für die ganze Kirche in Ost und West gilt. Wir kennen es als das Nizänische Glaubensbekenntnis oder auch als das «Große Bekenntnis» (neben dem kürzeren Apostolischen), das in den Gottesdiensten der großen Jahresfeste gebetet wird.

Entscheidend ist: Christus ist «wahrer Gott vom wahren Gott … eines Wesens mit dem Vater»; und der Heilige Geist «geht aus dem Vater und dem Sohn hervor und wird mit dem Vater und dem Sohn angebetet und verherrlicht».

Mein ganz persönliches Beten

Ich halte alle meine täglichen Gebete im Schauen auf eine altrussische Ikone. Sie zeigt, wie Gott der Vater mit seelenvollem Blick die gleichartige Gestalt des Geistes zu seiner Rechten anschaut. Diese wiederum den Sohn zur Linken, der sich zum Hinabstieg zu uns auf Erden bereitet. Alle drei sind als Personen einander gleich. In der Mitte der drei steht ein Altar mit dem Abendmahlskelch, den sie alle mit ihrer Hand segnen.

So haben wir Irdischen mit unserem eucharistischen Gottesdienst teil an diesem himmlischen Altar, der umgeben ist von den drei göttlichen Personen. Sie sind in ihrem Segenshandeln eins. Mein ständiges Anschauen hat längst den gleichen Blick wie die drei. Ich schaue zu jedem der drei in ihrer Einheit hinauf, während mein Gebet den drei-einen Gott preist.

So spreche ich das «Kyrie eleison» trinitarisch: «Herr, erbarme dich! Christus, erbarme dich! Heiliger Geist, erbarme dich!» Es ist ganz wunderbar, in solchem geistlichen Schauen die lebendige Wirklichkeit des drei-einen Gottes in mir selbst zu erfahren!

27. Impuls
Zur Taufe gehört der Glaube

1. Sonntag nach Trinitatis

Der auf Trinitatis (das ist das Fest der Dreifaltigkeit) folgende Sonntag ist im Kirchenjahr der Taufe gewidmet.

Ob die Taufe nun an einem kleinen Kind vollzogen wird oder an einem Konfirmanden oder einem zum Glauben gekommenen Erwachsenen – die sakramentale Wirklichkeit des trinitarischen Taufgeschehens ist immer dieselbe:

Es ist allein Gottes Gnadengeschenk, dass ich mit Christus verbunden werde, wie es ja auch der Geist Gottes ist, durch den der gekreuzigte Sohn Gottes zum ewigen Leben auferweckt worden ist. So widerfährt jedem Getauften die Gabe des Heiligen Geistes, auf den der bzw. die Getaufte sich fest verlassen kann.

Das bringt Probleme mit sich

Hier entstehen aber für immer mehr Christen arge Probleme. Früher betrafen sie nur die Säuglings- und Kindertaufe, wo sich die Frage stellte: Widerstreitet es nicht der Würde des Heiligen Geistes, wenn man sein Wirken so «pauschal» in Anspruch nimmt, ohne dass der kleine Täufling auch nur die Möglichkeit hat, ihn in bewusstem Glauben anzunehmen?

Deshalb sagten zu Luthers Zeiten die sogenannten «Wiedertäufer»: Die Taufe kann nur Erwachsenen gegeben werden, nachdem sie sich zum Glauben bekehrt haben.

Und wenn ein Getaufter nicht an Gott glaubt?

Heute verstärkt sich diese Problematik dadurch, dass eine immer größere Zahl von einmal getauften Kirchenmitgliedern als Erwachsene ohne jeden Glauben an Gott leben. Dennoch werden Kinder getauft – oft ohne ernsthafte Prüfung des Glaubens ihrer Eltern und Paten. Und Konfirmanden werden konfirmiert, von denen die Pastoren, die sie unterrichtet haben, ziemlich sicher sind, dass weder ihre Eltern noch gar ihre Freunde sie in den kommenden Jahren in dieser Entscheidung zum Glauben unterstützen werden, die sie in der kirchlichen Feier mit ihrem Ja zugesagt haben.

Wie kann man auf diese Probleme heute immer noch mit der Gewissheit antworten, Gottes Gnade habe die Kraft, jeden Getauften am ewigen Leben teilhaben zu lassen, auch wenn dieser das gar nicht wirklich will?

Die Kirche muss missionieren

Doch als «automatisch» geltend haben die Reformatoren die Gnade Gottes zweifellos nicht verstanden, wenn sie die Kindertaufe mit der zentralen Devise der Rechtfertigung «allein durch die Gnade, allein durch Christus» gegen die Wiedertäufer begründeten. Gehört doch zu diesem Dreigespann des «Allein» gerade auch der Glaube!

Und wie immer der Glaube als Gabe Gottes zu verstehen ist, so wesentlich will er doch als persönlich gelebtes Ja des Glaubenden ernst genommen werden! Deswegen muss die Kirche in der heutigen Problemsituation ihre missionarische Aufgabe gründlich neu wahrnehmen, sowohl bei der Vorbereitung jeder Kindertaufe im Kontakt mit den Eltern (und Paten!) als auch im Unterricht der Konfirmanden und in deren weiteren geistlichen Begleitung.

Dann muss man eben beten

Gleichwohl aber müssen wir das Vertrauen auf die Gnade Gottes ebenso in ganz neuer Weise ernst nehmen. Sie darf nicht als abhängig von menschlichen Entscheidungen gedacht werden. Vielmehr: Umso weiter sich der Atheismus verbreitet, umso intensiver muss die Kirche und muss jeder einzelne Christ Gott um das Wunder seiner Gnade anflehen und die Fürbitte für jeden Täufling und jeden Konfirmanden zur Sache aller Gemeindeglieder machen!

Und das gilt genauso für die Fürbitte für unsere Geistlichen, dass sie selbst in all ihrem Wirken durch Gottes wunderbar wirksamen Geist im wahren Glauben gestärkt («konfirmiert») und zuweilen auch bekehrt werden möchten.

Wie ich es als Bischof handhabte

Ich möchte dies im Rückblick auf meine aktive Bischofszeit verdeutlichen. Zu meinen Pflichten gehörte die Ordination (das ist die feierliche Einsetzung ins Amt) aller jungen Pastoren nach der Lehrzeit ihres Vikariats. Dazu war die geistlich-persönliche Begleitung der Vikare nicht nur durch ihre Ausbilder, sondern auch durch ihren Bischof eine wesentliche Hilfe.

Vor jeder Ordination kamen wir alle zu einer mehrtägigen Vorbereitungstagung zusammen, in deren Verlauf ich mit jedem ein eindringliches persönliches Gespräch geführt habe. Ein Jahr später lud ich dann alle von mir Ordinierten zu einem weiteren Gespräch ein über ihre ersten Erfahrungen, die glücklichen wie auch besonders die unglücklichen.

Bei alledem ging es primär um ein beiderseitiges Vertrauen zu Gottes täglich helfender Gnade. Aber dieses Vertrauen bedurfte auch der ständigen Fürbitte ihres Bischofs für jeden Einzelnen. Dazu benutzte ich Woche für Woche ein Büchlein, in dem alle ihre Namen festgehalten waren.

Heute verstärkt sich diese Problematik dadurch, dass eine immer größere Zahl von einmal getauften Kirchenmitgliedern als Erwachsene ohne jeden Glauben an Gott leben. Dennoch werden Kinder getauft – oft ohne ernsthafte Prüfung des Glaubens ihrer Eltern und Paten. Und Konfirmanden werden konfirmiert, von denen die Pastoren, die sie unterrichtet haben, ziemlich sicher sind, dass weder ihre Eltern noch gar ihre Freunde sie in den kommenden Jahren in dieser Entscheidung zum Glauben unterstützen werden, die sie in der kirchlichen Feier mit ihrem Ja zugesagt haben.

28. Impuls

Die Praxis der Buße: Sein oder Nichtsein

2. Sonntag nach Trinitatis

Der 24. Juni ist der Tag, an dem die Kirche seit alter Zeit Johannes' des Täufers gedenkt.

Weil Johannes wusste, dass unter den vielen Menschen, die zu ihm in die judäische Wüste hinausströmten, auch der Sohn Gottes war, ist er der letzte jüdische Prophet, der Israel zur Buße zu rufen hatte. Denn er wusste, dass mit dem Sohn Gottes der Richter des Endgerichts Gottes über alle Menschen bereits gegenwärtig da ist.

So hat Buße jetzt letzten Ernst. Es geht um Sein oder Nicht-mehr-Sein: «Schon ist die Axt an die Wurzel der Bäume gelegt. Jeder Baum, der keine Frucht bringt, wird abgehauen und ins Feuer geworfen» (Matthäus 3,10).

Auch Jude zu sein reicht nicht aus für die Ewigkeit

Wir haben allen Grund, diese Bußpredigt ernst zu nehmen, weil wir als Christen wissen, dass der Sohn Gottes in Jesus

Christus gekommen ist, um allen Sündern die Vergebung Gottes zuzusprechen. Aber – und das sollte nie vergessen werden – er kommt als der Richter, der das letzte Urteil über die sprechen wird, die sein Gnadengeschenk nicht annehmen wollen. Denn die Voraussetzung der Vergebung durch Jesus ist die Bereitschaft zu radikaler Umkehr.

Wie der Täufer auch allen Juden widersprach, die meinten, sie selbst seien doch Söhne Abrahams, die Gott deswegen verschonen werde (Lukas 3,8), so hat auch Jesus alle falschen Entschuldigungen nicht gelten lassen (Kap. 6,43–45). «Was ruft ihr mich an mit ‹Herr, Herr›, und tut nicht, was ich sage?» (Vers 46).

Nicht weniger radikal als Johannes hat Jesus denen, die nicht getan haben, was er ihnen als den Willen der Liebe Gottes verkündigte, das endgültige Unheil zugesprochen (Matthäus 25,46).

Die christliche Taufe ist anders

So sehr die Taufe des Johannes das Vorbild für die spätere christliche Taufe war, so sehr unterscheiden sich doch beide Handlungen (vgl. Apostelgeschichte 19,1–7). Die Wirkung der Taufe auf den Namen Jesu Christi ist die Gabe des Heiligen Geistes. Daher ist ihre Voraussetzung nach dem Neuen Testament eine totale Buße, die nicht auf den Augenblick der Taufhandlung (besonders bei der Säuglingstaufe) beschränkt ist, sondern das ganze Leben durchzieht und bestimmt.

Was meint Buße eigentlich?

Das Wort «Buße» hat in unserer Alltagssprache die Bedeutung der Bezahlung einer Geldstrafe. In der kirchlichen Sprache meint «Buße» die Umkehr unseres ganzen Lebens zu Jesus Christus im Bekenntnis aller Sünden und unsere ganze Hingabe an ihn als unserem Herrn im Glauben, dessen Vergebung wir erbitten. Buße zahlen nicht wir Gott als unserem Richter, sondern sie ist eine Möglichkeit der Versöhnung mit Gott, die *er* uns schenkt.

Ein sehr persönliches Gespräch

Buße vollzieht sich in meinem regelmäßigen Gebet morgens, mittags und abends, worin die Bitte «Herr, erbarme dich meiner» die Mitte ist. Denn ohne sein Erbarmen geschieht es mir allzu oft, dass meine Gedanken beim Beten (etwa des Vaterunsers) gleichsam davonfliegen.

Eine gute Hilfe ist es mir, den Christus der Ikone des Sinai-Klosters beim Gebet anzuschauen, mich von dem durchdringend ernsten und zugleich eindrücklich liebevollen Blick seiner Augen im Innersten ansprechen und von seiner linken Hand gleichsam segnen zu lassen. Mir geht es dabei so, dass ich durch den Christus der Ikone manchmal zu einem sehr persönlichen Gespräch mit Jesus bewegt werde – ein ganz wunderbares Widerfahrnis lebendiger Buße!

29. Impuls

Warum sind die Apostel wichtig?

3. Sonntag nach Trinitatis

Der 29. Juni ist der Tag, an dem im Kirchenjahr in Andachten und Artikeln an die beiden führenden Apostel Petrus und Paulus gedacht wird. Im Neuen Testament ist vielmals von ihnen die Rede – von Petrus besonders im ersten Teil der Apostelgeschichte. Und ohne die Briefe des Paulus würde der Bibel Wesentliches fehlen. Dieser Gedenktag dient auch dazu, sich deutlich zu machen, was das Apostelamt bedeutet.

Zwei ganz unterschiedliche Apostel

Jesus hat zu seinen Lebzeiten aus der großen Zahl seiner Jünger den Kreis der Zwölf geschaffen (Markus 3,14), die ihm nicht nur auf all seinen Wegen «nachfolgen» sollten, sondern die er auch am Ende der Zeit seines Wirkens in Galiläa als seine «Sendboten» (Apostel) zur Verkündigung des Reiches Gottes in alle Städte und Dörfer ausgesandt hat (Lukas 10). Zu diesem Zweck hat er ihnen seine Lehre als Ganzes zum Lernen gegeben.

So sind diese zwölf nach Ostern zum leitenden Kreis in der Urgemeinde in Jerusalem geworden, Simon Petrus als Hirte der «Herde» Jesu (Johannes 21,15–17) und als bleibender Repräsentant der Lehre Jesu für die Kirche aller Zeiten (Matthäus 16,18f.).

Paulus dagegen hat nicht zu den Jüngern Jesu gehört. Er engagierte sich als Pharisäer nach Ostern als Feind der Botschaft der Auferstehung des Messias und als Verfolger ihrer Verkündiger, bis ihm urplötzlich der auferstandene Jesus selbst vom Himmel her entgegentrat. Er bevollmächtigte Paulus zum Apostel für die nichtjüdischen Völker (1. Korinther 15,9f.; Apostelgeschichte 9,1–19).

So ist Paulus' Berufung zum Urvorbild der Bekehrungsmacht der Liebe Gottes zu den Sündern geworden (Philipper 3,4–11; Apostelgeschichte 26,1–18).

Die Berufung ist notwendig

Seitdem gilt in allen Kirchen die Bibel als Heilige Schrift in apostolischer Autorität; und alle Prediger des Evangeliums sind in der Kirche durch eine Berufung («Ordination») kraft des Namens Jesu Christi selbst bevollmächtigt (Augsburger Bekenntnis Artikel 5; Leuenberger Konkordie 33).

In der lutherischen Kirche sind nur solche ordinierten Pastoren zur Leitung der Gottesdienste befugt und haben die Aufgabe, das Erbe der Apostel in der Heiligen Schrift im Leben der Kirche zu bewahren. Das soll einmütig geschehen, in der ihnen übertragenen apostolischen Vollmacht.

Damit das ganz klar wird, sollten die zum Halten von Gottesdiensten «Beauftragten» die volle Ordination erhalten; denn eine gottesdienstliche Leitungsvollmacht gibt es nur durch diesen Akt geistlicher Bevollmächtigung (Johannes 20,22f.). Das ist eine notwendige Voraussetzung ökumenischer wechselseitiger Anerkennung der Ämter.

Warum Petrus mein Vorbild ist

Entscheidend für die Wahrnehmung der Autorität der Apostel war, dass sie in all ihrem Wirken die Liebe Christi zu erkennen gaben und erfahren ließen. Seither gehört dies in der Kirche elementar zum Handeln in apostolischer Vollmacht. «Nachdem euer Leben heilig geworden ist im Gehorsam zur Wahrheit in ungeheuchelter Geschwisterliebe, so liebt einander von ganzem Herzen!» (1. Petrus 1,22). «Alles bei euch lasst in Liebe geschehen!» (1. Korinther 16,14).

Petrus liebe ich besonders, denn sein Herr hat ihn zu seinem Stellvertreter als Hirten seiner ganzen Herde dreimal berufen (Johannes 21,15–17), obwohl Petrus Jesus zuvor dreimal verleugnet hat. Er ist mein Vorbild. Ich freue mich, wenn mein Herr mich viel mehr als dreimal fragt: «Liebst du mich?» Und ich darf wie Petrus antworten: «Herr, du weißt alles. Du weißt, dass ich dich liebe!» (Vers 17).

Entscheidend für die Wahrnehmung der Autorität der Apostel war, dass sie in all ihrem Wirken die Liebe Christi zu erkennen gaben und erfahren ließen. Seither gehört dies in der Kirche elementar zum Handeln in apostolischer Vollmacht. «Nachdem euer Leben heilig geworden ist im Gehorsam zur Wahrheit in ungeheuchelter Geschwisterliebe, so liebt einander von ganzem Herzen!» – «Alles bei euch lasst in Liebe geschehen!»

30. Impuls

Muss man einer Kirche angehören?

4. Sonntag nach Trinitatis

Beim Wort «Kirche» nehmen die meisten Zeitgenossen jene lediglich als eine von vielen Institutionen wahr. Ist es für einen Christen überhaupt notwendig, Mitglied einer Kirche zu sein?

Wer das Apostolische Glaubensbekenntnis mitbetet, der weiß, dass die Kirche zu den wesentlichen Inhalten des christlichen Glaubens zählt. Die Frage, Mitglied einer Kirche sein oder nicht, ist demnach für einen Christen nur mit einem klaren Ja zu beantworten. Im Glaubensbekenntnis wird die Kirche sogar «heilig» genannt, sie gehört also zum heiligen Gott.

So war es in Israel

Bereits im alten Israel gehörten alle dem Volk als der Gemeinde des heiligen, einzigen Gottes an. Nachdem Gott Abraham aus seiner Heimat in die Fremde herausgerufen hatte (1. Mose 12,1–3), damit dieser sich zusammen mit seiner Familie von Gott führen lasse an den Ort, an dem Gott ihn haben wollte, schloss Gott einen Bund mit Abraham (1. Mose 15,18), eine Gemeinschaft der Nachfolge Gottes ganz auf Treu und Glauben (Vers 6).

Diesem Bund Gottes mit seinem auserwählten Volk sollten auch alle seine Nachkommen angehören (Vers 5). Der Weg seiner Erwählten führte sie freilich dann in das Elend der Gefangenschaft als Arbeitssklaven der Ägypter, aber durch seine wunderbare Errettung schließlich hinaus in die Freiheit.

Gott bekräftigte seinen Bund mit ihnen daraufhin durch das Dokument der Zehn Gebote (2. Mose 20); einem Dokument der beiderseitigen Treue.

Den Treuebruch seines Volkes (Kap. 32) heilte Gott auf wunderbare Weise durch die Erneuerung des Bundes, der nun für alle Zeiten durch Gottes vergebende Liebe in Kraft blieb (Kap. 34,6f.).

Diese Geschichte des Bundes hat sich vollendet in Jesus, der als Gottes Sohn den Sündern, die zur Umkehr bereit sind, die ersten Plätze im ewigen Reich Gottes zueignete (Lukas 5,27–32; 15,7).

Warum ist die Kirche heilig?

Und: Er gab sein Leben für *alle* Sünder hin (1. Korinther 15,3; 2. Korinther 5,21; Epheser 5,25). Durch diese Rettungstat hat Gott seinen Bund endgültig erneuert und auf alle Völker erweitert. Er hat die Kirche als weltweite Gemeinschaft erretteter Sünder gegründet (Kolosser 1,15–20). Das ist der Grund der Heiligkeit der Kirche (Epheser 5,25–27; 1. Korinther 3,17).

Die Kirche – nach Gottes Plan

Von daher wird klar, dass alle Christen zur Gemeinschaft der Kirche gehören: Gott hat uns in der Taufe als zu sich gehörig «geheiligt» (1. Korinther 6,11; Epheser 5,26). Durch die Gabe des Geistes Gottes haben wir teil an der Heiligkeit Gottes.

Ja, der Heilige Geist verbindet uns so wesenhaft mit Jesus, dass wir als Glieder am Leib unseres auferstandenen Herrn leben (1. Korinther 12,13; Kolosser 1,21–23; Epheser 4,1–6). Er selbst ist das Haupt dieses einen Leibes (Epheser 1,22f.; 4,15f.).

In diesem Sinn ist die ganze Kirche eine lebendige Einheit, um deren Bewahrung Jesus in Johannes 17,20ff. seinen Vater bittet. Darum ist die Wiedervereinigung aller voneinander getrennten Kirchen und Gemeinschaften der ökumenische Wille Christi – wenn sie denn in Lehre und Praxis Christus als einzigem Herrn der einen Kirche folgen.

31. Impuls

Eine neue Hoffnung auf die Einheit der Kirche

5. Sonntag nach Trinitatis

Einige Gedanken zur Kirchenspaltung und zu den Chancen der Ökumene sind an dieser Stelle wesentlich.

Nach Gottes Willen sind alle verschiedenen Kirchen die *eine* Kirche Gottes. Denn alle Christen sind Gottes Kinder durch den *einen* Glauben an ihn und durch die *eine* Taufe. Sie sind verbunden in dem *einen* Bekenntnis und dem *einen* Gebet des Vaterunsers. Sie hören das *eine* Wort Gottes in der *einen* Heiligen Schrift. Sie erfahren Gottes Gegenwart in dem *einen* Mahl des *einen* Herrn.

Sie leben alle im Gehorsam zum Willen dieses *einen* Gottes in seinen Zehn Geboten und in ihrer Einheit der Liebe zu Gott und zueinander. Weil der *eine* Gott lebt und wirkt als der *eine* Vater, der *eine* Sohn und der *eine* Heilige Geist, so lebt seine Kirche als *eine* Familie mit vielen unterschiedlichen Gliedern.

Ein dreifacher Riss

Das war so das ganze 1. Jahrtausend hindurch. Das 2. Jahrtausend begann 1054 leider mit einem Bruch der Einheit der Kirche zwischen den damaligen Zentren der Christenheit – im Westen Rom und im Osten Konstantinopel (heute Istanbul). «Rom» stand fortan für die katholische Kirche, und Konstantinopel wurde zum Zentrum der orthodoxen Kirchen. Noch heute ist dieser Riss nicht völlig geheilt.

Dann kam 1517 durch Martin Luther und später die anderen Reformatoren die Spaltung der Westkirche in einander widerstreitende Konfessionen (katholisch und evangelisch).

Schließlich bewirkt die Aufklärung seit dem 18. Jahrhundert eine Ersetzung des Glaubens an Gott durch den Glauben an das vernunftgeleitete Individuum. Dadurch ist ein tiefer Riss durch die protestantische Christenheit entstanden, der aber auch zur Entstehung des Pietismus führte; also jener Erneuerungsbewegung, die die persönliche Beziehung des Einzelnen zu Gott in den Mittelpunkt stellte. Durch all diese Trennungen ist das ganze 2. Jahrtausend durch immer neue Schuld gezeichnet.

Die Gegenbewegung des 20. Jahrhunderts

Am Ende des 2. Jahrtausends hat eine Gegenbewegung zur Überwindung all dieser Spaltungen begonnen mit dem Ziel, die Einheit wiederzufinden. In dieser ökumenischen Bewegung ist das Wirken des Heiligen Geistes in vielerlei Dialogen zu erfahren, in denen Grundübereinstimmungen erkannt und in gemeinsamen Gottesdiensten die vielfältige Schuld vor Gott bekannt wird.

Was sein könnte

Die Ergebnisse begründen die Hoffnung, dass mit der Hilfe des *einen* Gottes der *eine* Glaube an ihn erneuert und schließlich die Einheit der *einen* Kirche wiederhergestellt wird – wenn sie sich denn allein an Christus orientieren würde. Eine Weltkirche, die dann wieder in ihrem Gottesdienst die Gegenwart ihres *einen* Gottes erfahren darf; die in ihrem Leben seinem Willen gehorsam wird und durch gemeinsames missionarisches Wirken in der Welt so viel Achtung gewinnt, dass schließlich alle am Glauben der *einen* Kirche teilhaben.

Was dem entgegensteht

Diesem Ziel stehen jedoch gegenwärtig vor allem zwei «antichristliche» Mächte entgegen: erstens die sich im Westen rasch ausbreitende atheistische Bewegung. Um sie zu überwinden, fehlt gegenwärtig, vor allem in den evangelischen Kirchen, der Mut. Allzu viele Christen sympathisieren mit den egozentrischen Tendenzen dieser Bewegung. Diese Beeinflussung durch die säkulare Bewegung ist meiner Meinung nach die gefährlichste Verhinderung der ökumenischen Einigung der Kirchen.

Die Kirchen müssen sich dem Islam entgegenstellen

Eine Macht, die einer weltweiten Wiedererstarkung des Glaubens an den drei-einen Gott im Allgemeinen widerstreitet, ist der sich in der Welt ausbreitende Islam, der die Alleinherrschaft Allahs notfalls mit Gewalt überall durchsetzen will. Dem werden sich die Kirchen mit den Mitteln der Überzeugung durch die Liebe Christi entgegenzustellen lernen müssen. Dazu bedarf es eines klaren Bekenntnisses, das sich dem Irrglauben widersetzen muss, es seien die Gottheiten aller Religionen, einschließlich des Christentums, im Grunde einander gleich.

Um diesen beiden hochgefährlichen Mächten entgegenzuwirken, bedarf es an erster Stelle eines eindringlichen gemeinsamen Gebets um die Hilfe des Heiligen Geistes.

32. Impuls
Kein Sonntag ohne Gottesdienst

6. Sonntag nach Trinitatis
Kirche ist, wo Christus ist; und Christus will alle seine Anhänger ganz nah bei sich haben, als Glieder seines Leibes, den er am Kreuz für sie hingegeben hat.

Deswegen ist die Mitte der Kirche der Gottesdienst, in dem nicht nur in der Predigt Christus verkündigt wird, sondern er selbst in seinem Mahl gegenwärtig ist und durch Brot und Wein in unser Innerstes eingeht. So muss man sagen: Für uns Christen aller Konfessionen ist die Teilnahme am Gottesdienst das Zentrum unseres christlichen Lebens, das vom heiligen Abendmahl her ein gemeinsames Leben in und mit Christus ist.

… und kein Sonntag ohne Abendmahl

So selbstverständlich das für katholische Christen ist, so fragwürdig ist es leider für viele evangelische Christen, ob es auch für sie erforderlich sei, Sonntag für Sonntag am

Gottesdienst mit Wort und Sakrament teilzunehmen. Ja, im Gegensatz zu den Gemeinden der Reformationszeit, in denen das heilige Abendmahl als konkret-leibhaftige Erfahrung der Rechtfertigung «allein durch Gottes Gnade» zentral wichtig war, gibt es heute leider nicht mehr viele evangelische Gemeinden, in denen an jedem Sonntag das Mahl Jesu gefeiert wird.

Wie ich das Abendmahl seit meiner Bekehrung erlebe

Lassen Sie mich persönlich bezeugen, wie ich in der Kommunion die Kirche erlebe. Seitdem ich am Ende des Krieges durch ein Errettungswunder Jesu sein Jünger geworden bin, lebe ich vom Geheimnis der Gegenwart Christi, die mir zweifach in der Kirche widerfährt:

Schon seit jener Jugendzeit höre ich seine eindringliche Stimme in der Bibel, sowohl direkt in den Evangelien, aber ebenso unmittelbar in den Briefen. Besonders im Johannes-Evangelium ist es das «Ich» Jesu, der mir alles zuspricht, was er von der Wunderkraft der Liebe Gottes mir schenkt, und zwar in einer solchen Klarheit, dass er mein innerstes Herz zu seinem Du macht: «Geh du hin und folge mir: ICH werde mit dir sein!»

Und der Apostel Paulus bezeugt mir die barmherzige Gnade Gottes (2. Mose 34,6) im Heilsgeschehen des Leidens und Sterbens und der Auferweckung Jesu Christi so eindrücklich, dass ich selbst in meinem eigenen Leben daran teilhabe (Römer 3,21–26; 8,31–39).

Und wenn ich früher als Pastor der Kirche Christi seine Herrschaft in der Predigt meinen Hörern zusprach und ihnen in der darauf folgenden Abendmahlsfeier mit Christi Autorität das Brot als seinen Leib und den Kelch als sein Blut reichte, erfuhr ich mich ebenso als sein Diener und als Diener der Kirche, und zwar in Christi Liebe jedem so zugewandt, dass die Gemeinschaft der Kirche geradezu leibhaftig geschieht.

Schon seit jener Jugendzeit höre ich Gottes eindringliche Stimme in der Bibel, sowohl direkt in den Evangelien, aber ebenso unmittelbar in den Briefen. Besonders im Johannes-Evangelium ist es das «Ich» Jesu, der mir alles zuspricht, was er von der Wunderkraft der Liebe Gottes mir schenkt, und zwar in einer solchen Klarheit, dass er mein innerstes Herz zu seinem Du macht: «Geh du hin und folge mir: ICH werde mit dir sein!»

33. Impuls
Mit dem Herzen beten

7. Sonntag nach Trinitatis

Echter Glaube hat seinen Ort nicht nur im Kopf, sondern zentral im Herzen. Die Praxis aber ist voller Probleme. Wenn wir zum Beispiel das Vaterunser beten, fliegen oft unsere Gedanken davon, so dass nur noch unsere Lippen beten – das aber ist kein Gebet.

So spricht Jesus zu mir

Christus, zu dem wir beten, muss für uns immer deutlicher zu unserem Gegenüber werden, das wir mit «Du» anreden dürfen. So nimmt unser Beten ganz konkret ernst, dass Gott als Person in uns gegenwärtig ist. Alle anderen Personen, mit denen wir in unserem Innern auch umgehen können, treten dabei immer mehr zurück, bis es allein Christus ist, mit dem wir im inneren Gebet kommunizieren. Nur so kann es dann auch geschehen, dass Christus zu uns redet und wir seine Stimme hören.

Wenn wir zum Beispiel Trost brauchen, den wir nicht selbst in uns erwecken können, spricht Er ihn uns so zu, dass Friede in uns einkehrt. Für eine solche Zwiesprache bedarf es oft einer langen Zeit geduldigen Wartens.

Auch Lieder können sehr hilfreich sein, besonders wenn wir sie frei zu beten lernen. Eines meiner Lieblingslieder dieser Art ist «Gott ist gegenwärtig» von Gerhard Tersteegen. Darin heißt es in der fünften Strophe:

Wunder aller Wunder:
ich senk mich in dich hinunter.
Ich in dir, du in mir,
lass mich ganz verschwinden,
dich nur sehn und finden.

Evangelisches Gesangbuch, 165,5

Bilder helfen mir bei der Begegnung mit Christus

Auch Bilder können sehr stark zu einem lebendigen und wirksamen Mittel der Begegnung mit Christus werden. Wenn wir im Lübecker Dom das Glaubensbekenntnis gemeinsam sprechen, schaue ich beim zweiten Artikel («Und an Jesus Christus …») gern auf die sehr eindrucksvollen Bilder: vor allem auf den Auferstandenen, bereit zu seiner Himmelfahrt.

Viele, die die Worte des Bekenntnisses bewusst mit geschlossenen Augen mitsprechen, tun das wegen des Bilderverbots, das aber ja nur für Götzenbilder gilt (siehe 2. Mose 20,3–5). Ein allgemeines Bilderverbot gibt es in der Bibel nicht!

Christus, zu dem wir beten, muss für uns immer deutlicher zu unserem Gegenüber werden, das wir mit «Du» anreden dürfen. So nimmt unser Beten ganz konkret ernst, dass Gott als Person in uns gegenwärtig ist. Alle anderen Personen, mit denen wir in unserem Innern auch umgehen können, treten dabei immer mehr zurück, bis es allein Christus ist, mit dem wir im inneren Gebet kommunizieren. Nur so kann es dann auch geschehen, dass Christus zu uns redet und wir seine Stimme hören.

34. Impuls
Der Kern christlicher Ethik

8. und 9. Sonntag nach Trinitatis

Bei einer weltlichen Ethik geht es um das Ich des Menschen. Sie richtet sich nach dem, wie ein jeder leben will. Allgemein für alle kann hier nur noch die zu Toleranz verpflichtende Norm sein. Religion ist dann Privatsache. Christliche Ethik orientiert sich dagegen am Willen Gottes, den er uns in Christus Jesus deutlich gemacht hat.

Was wir Christen zu tun und zu lassen haben, entscheidet sich eben nicht an dem, was wir selbst wollen. Wir haben vielmehr Gott gehorsam zu sein. Dieser Gehorsam ist unsere Antwort auf Gottes Liebe. Das wird aus folgenden Versen des Neuen Testaments besonders deutlich:

- «Sucht zuerst die Herrschaft Gottes, so wird er euch alles andere [zum Leben Nötige] hinzugeben!» (Matthäus 6,33).
- «Nicht jeder, der zu mir sagt: ‹Herr, Herr!›, wird Eingang finden in das Himmelreich, sondern (nur) der, der tut, was mein Vater im Himmel will» (Matthäus 7,21).

- «Wenn ihr mich liebt, werdet ihr meine Gebote bewahren» (Johannes 14,15).
- «Christus ist für alle gestorben, damit die Lebenden nicht mehr für sich selbst leben, sondern für den, der für sie gestorben und auferstanden ist» (2. Korinther 5,15).
- «Dieses Gebot haben wir von ihm: Wer Gott liebt, soll auch seine Brüder lieben!» (1. Johannes 4,21).

Die Liebe ist die Grundlage

Das erste und grundlegende soziale Gebot ist also die Liebe zu jedem Mitmenschen. Jesus lehrt es als das wichtigste Gebot (vgl. Matthäus 7,12; Römer 13,8–10), gleichrangig mit der Liebe zu Gott (Markus 12,30–33; Matthäus 22,36–40).

Im Lukas-Evangelium bringt Jesus uns das Gebot der Nächstenliebe im Gleichnis vom barmherzigen Samariter nah (Lukas 10,30–37), aus dem zu Herzen geht, dass jeder Hilfsbedürftige, dem wir begegnen, unserer ganz praktischen Hilfe bedarf.

So will der ganze christliche Gottesglaube im Tun der Liebe zueinander gelebt werden. Das ist der Kern christlicher Ethik. Die Kirche hat das Recht und den Grund dazu, das Gebot der Nächstenliebe als für alle Menschen gültig öffentlich zu verkündigen.

35. Impuls

Welche Ämter gab es in der Urkirche?

12. Sonntag nach Trinitatis

In der Jerusalemer Urgemeinde gab es nur ein Amt mit fester Autorität: das der zwölf Apostel, die Jesus in seiner Wirkungszeit in Galiläa zu seinen ständigen Begleitern und zum Schluss als seine Boten berufen hatte.

Petrus war ihr Sprecher und leitete ihr Leben. Neben ihn trat dann der Bruder von Jesus, Jakobus, nachdem auch ihm der Auferstandene erschienen war. Er hat die Familie Jesu zusammen mit «500 Brüdern», die der Auferstandene alle zu seinen «Boten» (Aposteln) berufen hatte (1. Korinther 15,6f.), von Galiläa nach Jerusalem geführt.

Die Mitte des christlichen Lebens

Feste Ämter gab es noch nicht. In den wenigen christlichen Häusern versammelten sich die Brüder und Schwestern zu gemeinsamem Mahl, das an jedem Sonntag – dem Tag der Auferstehung Jesu – als eucharistisches Mahl gefeiert wurde.

Das Abendmahl war von Anfang an die Mitte des christlichen Lebens. Hier war auch der Ort der nötigen Hilfen für die vielen mittellosen Christen. Um darin die zwölf zu entlasten, beschloss die Vollversammlung die Einsetzung eines Amtes von Diakonen (Apostelgeschichte 6,1–6).

Als eine Gruppe griechischsprechender Christen in Jerusalem verfolgt wurde, flüchtete sie nach Syrien. In der dortigen Hauptstadt Antiochia entstand eine rasch wachsende Gemeinde, die auch Heiden aufnahm. Von hier aus wurden Missionare in die weitere Umgebung entsandt (Kap. 11,19–21).

Zu diesen zählte auch Paulus, der zuvor ein leidenschaftlicher Christenverfolger gewesen war. Er wurde durch eine besondere Erscheinung zum Heidenapostel berufen (1. Korinther 15,8–10; Apostelgeschichte 9).

Ein Konzil von Juden- und Heidenchristen

Um die zwei verschiedenen Hauptstätten – Antiochia und Jerusalem – zur Einheit der Kirche zusammenzuhalten, fand in Jerusalem ein gemeinsames Konzil statt (Galater 2,1–10; Apostelgeschichte 15). Paulus und Barnabas wirkten hier als Vertreter der Antiochener.

Auf dem Konzil beschloss man nur die gegenseitige Anerkennung der Mission von Juden und Heiden, nicht aber ihr gemeindliches Zusammenleben.

Denn das war für Judenchristen ein Problem. Sie wollten der Thora (den fünf Büchern Mose) die Treue halten, die jede Mahlgemeinschaft mit unbeschnittenen Heiden untersagt. Gesandte aus Jerusalem verlangten deswegen die Beschneidung der Heidenchristen als Voraussetzung der Mahlgemeinschaft.

In Antiochia kam es darüber zu einem heftigen Streit zwischen Petrus (pro Beschneidung) und Paulus (kontra). Da selbst die Antiochener dem Standpunkt der Judenchristen zustimmten, verließ Paulus Antiochia und betrieb von da an eine eigene Heidenmission, durch die in Kleinasien und Griechenland rasch neue Gemeinden entstanden, deren Christsein allein durch den Glauben an Christus und die Taufe begründet war. Paulus war als der Apostel Christi ihr bleibender «Vater» (1. Korinther 4,15).

Kein «Priestertum aller Christen»

In den paulinischen Gemeinden gab es noch keine festen Ämter, wohl aber eine Fülle von Tätigkeiten, die der Geist Gottes als «Charismen» (Gnadengaben) jedem Einzelnen als Beitrag zum Leben der Gemeinde gibt (1. Korinther 12,12–26).

Aber Paulus besteht darauf, dass es eine gestufte Ordnung gibt. An der Spitze steht die Verkündigung und Lehre, durch die die Gemeinden begründet sind und zu denen darum nur die Apostel, Propheten und Lehrer befähigt und befugt sind (Vers 28–30). Die heute gängig gewordene Anschauung vom «Priestertum aller Christen» (also jedes Gemeindeglied darf predigen und lehren) widerspricht dieser Ordnung (Vers 31).

Ein Bischof hat gegen Irrlehren vorzugehen

Nun sind in die paulinischen Gemeinden bald auch Judenchristen gekommen, deren Apostel Petrus war, sowie Christen, für die der gelehrte Alexandriner Apollos die Autorität darstellte (1. Korinther 3,4; 4,6). So wurden aus heidenchristlichen Gemeinden bald Mischgemeinden aus ehemaligen Juden und Heiden.

Paulus bestand darauf, dass er als der Gemeindegründer von allen als oberste Leitungsautorität anzuerkennen sei (Kap. 3,6–17). Aber wie einst in Antiochia ist es nun auch in Korinth zu Konflikten gekommen, die Paulus weder durch Briefe (2. Korinther 2,4) noch durch einen persönlichen Besuch (Kap. 13,1f.) zu lösen vermochte.

Es kam so weit, dass er in der Vollversammlung abgelehnt wurde (Kap. 12,20f.) und abreisen musste. Erst seinem Mitarbeiter Titus gelang es, die Gemeinde mit ihrem Apostel wieder zu versöhnen.

Zum Apostelamt gehört also auch die Abwehr von Irrlehren und die Bewahrung der Einheit der rechtgläubigen Kirche (Apostelgeschichte 20,28f.). In diesem Sinne ist später das Bischofsamt zur Leitung der Kirche entstanden und zu seiner Hilfe das Amt der Diakone (1. Timotheus 3,1–7.8–10; Titus 1,7).

36. Impuls

Wer in der Kirche was darf

13. Sonntag nach Trinitatis

In allen evangelischen, katholischen und orthodoxen Kirchen sind zur Leitung des Gottesdienstes und zur Verwaltung der Sakramente allein Ordinierte bzw. feierlich ins Amt Eingesetzte befugt. (Anders verhält es sich in vielen Freikirchen, in denen auch Nichtordinierte predigen und das Abendmahl leiten dürfen.)

Der tiefe Sinn dahinter ist, dass durch die Ordination auf ein Bekenntnis hin die Einheit in der Wahrheit besser gewährleistet ist, als wenn jeder einfach ohne eine Verpflichtung sagen könnte, was er wollte.

Dass trotz Ordination manche Irrlehre verkündigt wird, ist schlicht ein Missbrauch einer vor Gott und der Kirche eingegangenen Verpflichtung. Im Prinzip steht es in oben benannten Kirchen allein den Ordinierten zu, die öffentlichen Gottesdienste zu leiten, in der Predigt Gottes Wort zu verkündigen und in den eucharistischen Mahlfeiern an Christi statt seine Worte über dem Brot und dem Kelch zu sprechen, in denen er selbst ganz unter uns ist.

Aus der Not geboren: dass auch «Laien» predigen dürfen

Im Verlauf des vorigen Jahrhunderts ist es in den meisten evangelischen Landeskirchen üblich geworden, auch Laien zum Halten von Gottesdiensten zu «beauftragen». Man beruft sich dafür auf Martin Luther, der in der ersten Notzeit, als keiner der katholischen Bischöfe zur Ordination evangelischer Prediger bereit war, jeden echten Christen als Zeugen der evangelischen Wahrheit brauchte.

Doch seit dem grundlegenden lutherischen Bekenntnis – dem Augsburger Bekenntnis (Confessio Augustana, CA), Artikel 14 von 1530 – gilt als feste Regel, dass nur Ordinierte öffentlich verkündigen und die Sakramentsfeiern leiten dürfen. Eine bloße «Beauftragung» von Laien dazu widerspricht dieser Ordnung des Bekenntnisses.

Dadurch ist aus meiner Sicht ein weiteres Hindernis zur Überwindung der Trennung der Kirchen entstanden, denn die katholische und die orthodoxen Kirchen werden wahrscheinlich niemals Nichtordinierte zulassen.

Alle Glieder sind geistlich gleich

Im Neuen Testament ist für «Laien» eine Vielzahl von Diensten vorgesehen, die als Gaben des Heiligen Geistes für das Leben der Gemeinden notwendig sind und mit dem Leitungsdienst der Apostel, Propheten und Lehrer nicht konkurrieren (1. Korinther 12,27–30). In Wahrheit kann es also «bloße Laien» gar nicht geben!

In der Kirche als dem «Leib Christi» hat jedes Glied sein Recht und seine Funktion; und alle Glieder sind geistlich gleich! Es gibt zwar geistliche Leitungsautorität, aber keinerlei Herrschaft einiger über andere. Nach dem Grundmotiv christlichen Zusammenlebens in der Liebe Christi haben alle einander und dem «Aufbau» des einen Leibes zu dienen (Epheser 4,1–16).

Das gilt auch für alles Verhalten gegenüber den Menschen der nichtchristlichen Umwelt. Missionarisches Zeugnis der Wahrheit des Evangeliums in Dialog und Diakonie können und sollen wir alle geben und so ein persönliches Vorbild dafür sein, wie menschliches Leben durch Christus Tiefe und Kraft gewinnt.

Alle müssen gegen Irrlehren antreten

Theologisch begründet wird die Gleichstellung von Ordinierten und Laien zumeist mit der reformatorischen Lehre vom «Priesteramt aller Gläubigen». Doch sie bezieht sich nicht auf die Leitung des Gottesdienstes, auch nicht auf die Kirchenleitung (CA 7, 14 und 28), sondern auf das gleiche geistliche Recht der Laien zur Teilnahme am kirchlichen Leben im gleichen einen Glauben und von daher in akuten Entscheidungen über Irrlehren.

Denn das ist allen Kirchen gemeinsam: Jedes gottesdienstliche Verkündigungsamt ist der Wahrheit der Lehre des Evangeliums verpflichtet und bedarf deswegen der Ordination als Handlung des Geistes Gottes. Die heute verbreitete Ansicht, dass Laien als getauften Christen auch ohne Ordination die

Befähigung und Berechtigung zustehe, öffentliche Gottesdienste zu halten, widerspricht dem Augsburger Bekenntnis (CA 14). Aufgrund der Taufe hat jeder Christ allerdings die Pflicht, in seiner Umwelt das Evangelium zu bezeugen (1. Petrus 3,15).

Alle Probleme in dieser Sache – besonders im ökumenischen Bereich – könnten bei uns durch zwei Entscheidungen klar gelöst werden: Erstens, wenn die «Beauftragung» von Laien zur Leitung von Gottesdiensten durch regelgerechte Ordination ersetzt würde; und zweitens, wenn bei synodalen Entscheidungen, die den absoluten Rang von Schrift und Bekenntnis berühren, dem Bischof das Recht und die Pflicht zugesprochen würde, solche Entscheidungen einer landeskirchlichen Pfarrkonferenz zu übertragen, in der ihm der Vorsitz zusteht.

Im Neuen Testament ist für «Laien» eine Vielzahl von Diensten vorgesehen, die als Gaben des Heiligen Geistes für das Leben der Gemeinden notwendig sind und mit dem Leitungsdienst der Apostel, Propheten und Lehrer nicht konkurrieren. In Wahrheit kann es also «bloße Laien» gar nicht geben!

37. Impuls
Was wir als Christen bekennen

14. Sonntag nach Trinitatis
Die ersten fest formulierten Bekenntnis-Worte unseres Glaubens sind im Zusammenhang mit der Taufe entstanden.

Bevor jemand getauft wurde, hatte er zuvor im Taufunterricht gelernt, was er nun bekannte: «Gott hat Jesus Christus aus dem Tod auferweckt.» Und auf die Taufe antwortet der Täufling mit dem Bekenntnis: «Herr ist Jesus» (Römer 10,9f.).

In den Evangelien wird zusammenhängend ausgeführt, was in den Katechumenenschulen (dem Unterricht für die Taufbewerber) an Wissen über die Geschichte von Jesus gelehrt wurde. Beides: Das Wort «Evangelium» wie das Wort «Herr» stammen aus dem Alten Testament (Jesaja 52,7; 2. Mose 3,14f.).

Dort ist die «Freudenbotschaft» («Evangelium») verbunden mit der Königsherrschaft Gottes, die dann das zentrale Wort für den Inhalt der Verkündigung Jesu ist (Markus 1,1.14f.).

Das griechische Wort *kyrios*, «Herr», ist die in alttestamentlicher Sprache geläufige Umschreibung des heiligen Namens Gottes (2. Mose 3,14).

Der auferstandene Jesus wird also als Gottes Sohn mit Gottes ureigenem Namen angerufen! Und wer auf diesen seinen Namen getauft ist, trägt ihn als das Geheimnis christlichen Lebens in seinem Herzen und verkündigt mit freudiger Siegesgewissheit, was Jesus ihm bedeutet und was er anderen geben möchte.

Die Geschichte Jesu besingen

Das Bekenntnis wie auch die Lehre haben Jesus Christus zum Inhalt. Und weil er im Gottesdienst, vor allem in der Feier seines Mahls, selbst gegenwärtig ist, wird er in Liedern gepriesen, in die die Texte der Bekenntnis- und Lehrformeln eingehen. Der eindrucksvollste Hymnus (neben dem Christuslied in 1. Petrus 2,21–25), in dem die ganze Geschichte Jesu geistlich besungen wird, steht in Philipper 2,6–11:

Er, der lebte, wie Gott lebt,
nicht festhalten wollte er daran,
Gott gleich zu sein,

sondern von sich selbst gelöst hat er sich,
hat Sklavendasein angenommen,
worin die Menschen leben, ihnen gleich.
Und in Gestalt wie ein Mensch ließ er sich finden,

erniedrigte sich selbst,
gehorsam bis zum Tod
– ja zum Tod am Kreuz!

Darum hat Gott ihn hoch erhoben,
hat ihm den Namen verliehen,
der allen Namen überlegen ist,

damit, wo Jesu Name angerufen wird,
jedes Knie sich beugt
der Himmlischen, Irdischen und Unterirdischen

und jeder Mund bekennt:
Jesus Christus ist der Herr,
Gott, dem Vater, zum Preis!

Damit lässt es sich getrost sterben

Auch zu unseren lutherischen Gottesdiensten gehören die vielen Choräle, die alle den Glauben bekennen, Christus anbeten und Gott lobpreisen. Wir singen sie gemeinsam mit einer Stimme. Je mehr von ihnen wir auswendig singen können, umso mehr sind wir mit ihm, dem Herrn, verbunden.

Mit einem Psalm und einem Liedvers auf den Lippen oder im Herzen darf ein Christ auch ganz ruhig und getrost sterben. Im Glauben wissen wir: Unser Tod wird nicht unser Ende sein, sondern der Durchgang zu unserem ewigen Zuhause im Reich Gottes.

38. Impuls

Die Zehn Gebote sind Grundlage unserer Ethik

15. Sonntag nach Trinitatis

Die Zehn Gebote (der Dekalog) in 2. Mose 20 und 5. Mose 5 sind im Alten Testament die Grundlage dessen, was nach Gottes Willen alles Leben in seinem Volk bestimmen soll.

In der Überschrift über dem Dekalog heißt es: «Ich bin der HERR, dein Gott, der dich aus der Sklaverei in Ägypten herausgeführt hat» (2. Mose 20,2). Dann geht es in den ersten drei Geboten zunächst darum, wie sich das Volk Israel zu Gott verhalten soll (Vers 3–11). Es soll ihn als einzigen Gott anerkennen gegenüber allen Gottheiten anderer Völker. Auch soll es sich nicht selbst Götter machen. Das gilt auch für uns heute.

Sind Bilder von Gott verboten?

In der christlichen Tradition wurde das Bilderverbot als Verbot von Bildern überhaupt missverstanden. Die Ikonen aus der Alten Kirche und besonders auch aus der russisch-orthodoxen Kirche können im geistlichen Leben aber sehr hilfreich sein.

Entscheidend ist, dass Gott zwar jeden Abfall von ihm ahndet, aber das Wirken seiner Barmherzigkeit den Horizont seines Zornes bei weitem überschreitet (zu 2. Mose 20,6f. vgl. 34,6f.).

Zu seiner Herrschaft als Schöpfer gehört, dass er von seinen Werken am 7. Tag ausruht (1. Mose 2,1–3) und so auch Israel am Sabbattag an Gottes Ruhe teilhaben soll (2. Mose 20,8–11). In der Kirche ist der Tag der Auferstehung Christi zum feierlichen Ruhetag geworden.

Der Besitz ist geschützt, die Ehe ist eine Urordnung

Die «zweite Tafel» – das 4. bis 10. Gebot – in 2. Mose 20,12–17 betrifft das Handeln der Menschen untereinander. Hier steht die Ehre von Vater und Mutter voran; sie repräsentieren als Ehepaar für ihre Kinder den Schöpfer in seiner Ehre, in der er seine Menschen als seine Kinder in seiner Schöpfung «gut» leben lassen will (Vers 12).

Es folgen die drei Gebote, die das Zusammenleben schützen: das Leben selbst und seine Urordnung in Ehe und Eigentum (Vers 13–15). Aus dem einen folgt der Schutz der Ehe (Vers 17a), aus dem anderen der Schutz jedweden Besitztums (Vers 17b).

Dass wir heute das Verhältnis von Mann und Frau in der Ehe in gleicher Würde sehen, ist also im Dekalog als Urordnung Gottes vorgegeben. Jesus hat dieses Gebot noch verschärft, indem er eine Ehescheidung grundsätzlich verbietet: «Was Gott zusammengefügt hat, darf der Mensch nicht trennen» (Matthäus 19,6).

Sex ist ausschließlich in der Ehe vorgesehen

Es gibt keinerlei Alternative zur Ehe von Mann und Frau. Jedwedes ehewidrige Verhalten ist wider Gottes Willen. Das beginnt nach Matthäus 5,27f. mit dem begehrlichen Blick auf eine Ehefrau, weil sie dadurch zum Ehebruch verführt werden könnte. Gleiches gilt entsprechend auch vom Ehemann.

Es trifft erst recht auf jedweden außerehelichen Geschlechtsverkehr zu, der in Gestalt der Prostitution in der Umwelt des Neuen Testaments völlig unangefochten war. Und ganz widergöttlich ist gleichgeschlechtlicher Verkehr (3. Mose 18,22; 20,13; Römer 1,26f.; 1. Korinther 6,9; 1. Timotheus 1,10). Sexualität hat ihren Ort ausschließlich in der Ehe.

«Ehe für alle» ist nach dem Gebot Gottes ausgeschlossen

Im alten Israel gab es die Möglichkeit, neben der eigentlichen Ehefrau «Nebenfrauen» zu erwerben, für die dann aber die gleiche Unantastbarkeit galt wie für jede Ehefrau. Doch zur Zeit Jesu war das Vergangenheit; und er selbst hätte dies bei seinem radikalen Insistieren auf die monogame Ehe strikt abgelehnt: Eine «Ehe für alle» ist christlich schlicht ausgeschlossen und als Gesetz völlig unannehmbar.

Eine moralische Schande

Das 5. Gebot («Du sollst nicht töten») wird nicht nur gegenwärtig in Europa und den USA von aggressiven Banden und von einzelnen Terroristen in zunehmendem Ausmaß gebrochen. Das wird selbstverständlich bestraft und von der Bevölkerung abgelehnt. Gleichzeitig aber gibt es in Europa wie in den USA eine wachsende Zustimmung zur Ermordung Tausender Kinder im Mutterleib. Dies kann man als Christ nur als moralische Schande bezeichnen.

39. Impuls

Wer dankt, hat nachgedacht

16. Sonntag nach Trinitatis

Am ersten Sonntag im Oktober wird in allen Gottesdiensten Erntedank gefeiert.

Viele wissen mit dem Begriff «Erntedank» nichts mehr anzufangen, da sie «Ernte» im landwirtschaftlichen Sinn nicht erleben. Aber es geht nicht darum, dass nur Bauern zu danken hätten. Es geht darum, einmal im Jahr einen ganzen Gottesdienst dem Dank an Gott zu widmen.

«Danket dem HERRN, denn er ist gütig, und seine Gnade währet ewiglich» (Psalm 106,1; 107,1; 118,1.29; 136,1). Dieser Dank kommt überall in den alttestamentlichen Psalmen vor. Israel dankt seinem Gott, indem es ihn lobpreist für die von ihm erfahrenen Hilfs- und Heilstaten (vgl. besonders Psalm 107; 118; 136).

Denn Gott erweist seine Bundesliebe und Bundestreue (2. Mose 34,6) sowohl in der Errettung aus vielerlei Nöten als auch in den reichen Gaben seiner Schöpfung (Psalm 65,10–14; 104).

Wir verdanken Gott alles

Lobpreis und Dank sind also Antwort auf erfahrene Hilfe. Das gilt auch für allen Dank an Menschen, die uns geholfen oder uns etwas Gutes geschenkt haben. Je ernster wir die Gemeinschaft in Familie, Freundschaft und Nachbarschaft nehmen, umso vielfältiger und gewichtiger wird der gegenseitige Dank. Und ganz besonders gilt das für die Menschen, mit denen wir in Liebe zusammenleben: Was wäre Liebe ohne Dank?!

Aber Gott zu danken, ist unendlich viel inniger und inhaltsreicher: Denn wir verdanken ihm ja überhaupt unser ganzes Dasein, alles, was wir sind und haben. Je genauer wir in unserem Abendgebet den Tag überdenken, umso mehr finden wir Anlass, unserem Gott zu danken. Was alles haben wir durch seine Liebe erfahren!

So sollten wir in dem tiefen Wissen leben, dass Gott für uns und für alle da ist und seine Liebe uns überall umgibt und geborgen sein lässt – «Gott ist mit uns am Abend und am Morgen und ganz gewiss an jedem neuen Tag» (Lied «Von guten Mächten», Dietrich Bonhoeffer).

Der Erntedanktag gibt die Gelegenheit, all unseren persönlichen Dank miteinander zu vereinen und Gott dafür zu preisen, was wir als Gemeinschaft ihm an Schutz und Segen alles verdanken. Dazu gehören gewiss auch die Gaben seiner Schöpfung: dass wir genügend Nahrung haben, während so viele Völker im Elend verhungern.

Wir haben, was viele weltweit nicht haben

Aber auch dies: dass wir vor Naturkatastrophen bewahrt geblieben sind, die andere Völker haben erleben müssen; ja, dass wir bisher seit dem Ende des letzten schrecklichen Krieges 1939–1945 in Mitteleuropa von Kriegen verschont worden sind, unter denen heute Millionen von Menschen in anderen Gegenden unserer Erde furchtbar zu leiden haben.

Aber zu danken haben wir auch dafür, dass wir so viele von ihnen, die als Flüchtlinge zu uns gekommen sind, haben aufnehmen und für sie sorgen können; und dass es so viele Menschen in unserem Land gibt, die sich hilfsbereit für sie einsetzen.

Wenn wir keinen Gott über uns hätten ...

Für all das wollen wir im Gottesdienst Gott danken. Dabei wird uns bewusst werden, welch ein Reichtum an Behütung und an Gaben es ist, den wir Gott zu verdanken haben; und wie hilflos gerade auch unsere satte Gesellschaft wäre, wie gefährlich unser Zusammenleben werden würde, wenn wir keinen Gott über uns hätten und wirklich allein auf unsere Kräfte angewiesen wären, um unser gemeinsames Leben zu bewältigen!

Lobpreis und Dank sind also Antwort auf erfahrene Hilfe. Das gilt auch für allen Dank an Menschen, die uns geholfen oder uns etwas Gutes geschenkt haben. Je ernster wir die Gemeinschaft in Familie, Freundschaft und Nachbarschaft nehmen, umso vielfältiger und gewichtiger wird der gegenseitige Dank. Und ganz besonders gilt das für die Menschen, mit denen wir in Liebe zusammenleben: Was wäre Liebe ohne Dank?!

40. Impuls

Israel und die Kirche: Auch Juden brauchen Jesus

17. Sonntag nach Trinitatis

Gott hat Israel als sein Volk erwählt und vielmals errettet. Israel und die Kirche gehören heute als Gottes *eines* Volk zusammen. Obwohl es in Israels Charakter lag, immer wieder den Bund mit Gott zu brechen, hat dieser seinen Zorn stets überwunden und seinen Bund erneuert.

So hat Israel – beispielhaft für alle Völker – das Wesen seines Gottes als «barmherzige Gnade und geduldig-treue, vergebende Liebe» erfahren (2. Mose 34,6f.). Diese Geschichte seiner Gnade hat Gott schließlich in dem Geschehnis seiner Selbsthingabe im Wirken und Leiden, im Opfertod und der Auferweckung seines Sohnes Jesus Christus vollendet und so auch die gesamte Völkerwelt in dieses *end*-gültige Liebeshandeln einbezogen. Seitdem ist Israel zusammen mit allen Christen das zur Weltkirche erweiterte Gottesvolk (Epheser 4,1–6).

Möglichst viele Juden von Jesus überzeugen

Gleichwohl hat sich die Geschichte der Kirche so wie vorher diejenige Israels vollzogen: Große Teile Israels lehnen den Messias Jesus ab. Und die deutsche Kirche hat noch vor über siebzig Jahren, statt Israel in Geduld immer wieder zum Glauben an Jesus als den Sohn seines Gottes einzuladen, die Juden als «Mörder» Christi befeindet. Diese Feindschaft hat mit dazu beigetragen, dass sich der Hass des Dritten Reiches schließlich zu einem entsetzlichen Höhepunkt steigern konnte: zur Ermordung von Millionen Juden.

Kann Gott auch diese grauenhafte Sünde vergeben? Auf diese beängstigende Frage gibt es nur eine Antwort: Nur Gott allein kann sie beantworten. Wir Christen können und sollen nur eines tun: in einem bleibend ernsthaften Dialog, in dem unser Schuldbekenntnis an erster Stelle stehen muss, versuchen, möglichst viele Juden zur Annahme des Evangeliums Jesu Christi zu überzeugen.

Es gibt keinen Sonderweg zum Heil

Keinesfalls darf dies mit dem Argument abgelehnt und sogar bestritten werden: Gott habe für sein Bundesvolk Israel einen eigenen Weg zur Erlangung des ewigen Heils vorgesehen – vor und unabhängig von dem für die christliche Kirche.

Das beruht auf einer verfehlten Auslegung von Römer 11,26. Dort schreibt Paulus aber unmissverständlich, ganz Israel werde «auf dieselbe Weise» gerettet wie «die Fülle der Heiden» (Vers 25) – also durch die Bekehrung zu Christus.

41. Impuls

Allah und Gott sind nicht identisch

18. Sonntag nach Trinitatis

Oft wird heute Allah, der Gott des Islams, mit dem Gott der Christen und Juden in eins gesehen.

Das ist nur insofern richtig, als der Prophet Mohammed sowohl jüdische als auch christliche Elemente in die von ihm gegründete neue arabische Religion einbezogen hat. Zum Beispiel gilt Jesus im Koran als großer Prophet. Nach dem Selbstverständnis des Islams wird aber der Glaube der Christen an Jesus als Sohn Gottes, der am Kreuz gestorben und von seinem Vater zum Leben auferweckt und zu seiner Rechten als Herr über alle Herren erhöht worden ist, als blasphemische Verirrung scharf verurteilt.

Unüberwindliche Unterschiede

Es ist daher schlicht unwahr, wenn zur Überwindung des Gegensatzes zwischen den Religionen behauptet wird, wir glaubten letztlich alle an *einen* Gott. Das mag zwar durch die gute Absicht motiviert sein, Religionskriege zu vermeiden.

Gewiss ist auch die lobpreisende Verehrung Allahs als «Allerbarmer und Barmherziger», mit dem der Koran die erste Sure beginnt, die Herzensaussage des jüdisch-christlichen Gottesglaubens (2. Mose 34,6). Das kann für jeden Dialog der drei Religionen auch ein durchaus wichtiger Anknüpfungspunkt sein.

Aber nach muslimischer Lehre ist die Barmherzigkeit Allahs nicht dieselbe wie die christliche, weil Allah eben nicht der Vater Christi ist. Wer das nicht beachtet und ernst nimmt, wird vom Islam von vornherein als Dialogpartner nicht anerkannt werden. Und das gilt im Grunde für alle Ähnlichkeiten, die ein modern westlicher Religionsvergleich für eine Grundlage möglicher Einigung hält.

Zu einem fruchtbaren Dialog gehört zuerst, dass die Position jeder der drei Religionen (und so bitte auch die Wahrheit unseres christlichen Glaubens!) ernst genommen wird.

Eine neuartige akute Gefahr

Gegenwärtig ist ein erstaunliches Wachstum des Islams in manchen Ländern Asiens und auch Afrikas festzustellen; zugleich jedoch auch eine Verschärfung des Gegensatzes innerhalb des Islams zwischen den Glaubensrichtungen der Sunniten und Schiiten.

Da dieser Gegensatz im Vorderen Orient auch militärisch ausgetragen wird und da sich eine neue Bewegung eines radikalen Islams gebildet hat, die darauf zielt, durch Terrorakte eine Eroberung der Länder des Westens vorzubereiten, entsteht hier eine akute Gefahr.

Darum ist für unser Verhältnis zum Islam derzeit die wichtigste Voraussetzung die Bitte um eine glaubwürdige grundsätzliche Ablehnung dieses Terrors durch die führenden Autoritäten des Islams. Dass Christen und Moslems in einem Land auch friedlich nebeneinander leben können, dafür ist die Geschichte Spaniens ein Vorbild.

Darum ist für unser Verhältnis zum Islam derzeit die wichtigste Voraussetzung die Bitte um eine glaubwürdige grundsätzliche Ablehnung dieses Terrors durch die führenden Autoritäten des Islams. Dass Christen und Moslems in einem Land auch friedlich nebeneinander leben können, dafür ist die Geschichte Spaniens ein Vorbild.

42. Impuls

Christentum und asiatische Religionen

19. Sonntag nach Trinitatis

Indien ist die Heimat vor allem der Religionen Hinduismus und Buddhismus. Ihnen gemeinsam ist, dass die Religion die bestimmende Mitte des Lebens ist. Das ist für uns Christen in Europa, deren Glaube an Christus vielfach von Gleichgültigkeit zersetzt ist, höchst eindrucksvoll.

Bei aller Hochschätzung muss aber gesagt werden, dass für einen Christen die asiatischen Religionen unannehmbar sind: Denn es ist dort der Mensch, der sich selbst erlösen soll.

In dem Maß, in dem es einem Menschen gelingt, von seinem Körper und allen Begehrlichkeiten unabhängig zu werden, erringe er nach dem Tod bei seiner nächsten Rückkehr in das irdische Leben eine sittlich höhere Stufe seiner Persönlichkeit. Gelänge das nicht, müsse er eine niedrigere Lebensstufe bei seiner nächsten «Wiedergeburt» hinnehmen.

Das Karma – mit dem diese Vorgänge beschrieben werden – bestimmt das ganze Leben eines Hindus bzw. Buddhisten.

Das große Vorbild Buddha

Das große Vorbild eines Buddhisten ist der Buddha Siddhartha Gautama (der im 6. und 5. Jahrhundert v. Chr. lebte). Er lebte ohne Eigentum und Heimat und versammelte seine Schüler in einer Art Mönchsorden als der höchsten Lebensweise, in der man sich das «Verlöschen» im Nirwana erringen kann.

Dazu dienen tief verinnerlichte Gebete, in denen man die geistige Loslösung vom Körper erlernen können soll. Auch gibt es körperlich-seelische Übungen (Yoga), die helfen sollen, von allem, was einen an seinen Körper bindet, unabhängig zu werden und sich auf das Übersinnliche zu konzentrieren.

Die Anthroposophie vermischt Buddhismus und Christentum

Seit der Romantik in der ersten Hälfte des 19. Jahrhunderts ist der Mahayana-Buddhismus von Gebildeten als Alternative zur Denk- und Lebensweise des Christentums entdeckt worden.

1913 gründete Rudolf Steiner (1861–1925) die «Anthroposophische Gesellschaft», in der wesentliche Elemente aus buddhistischer Tradition übernommen und zum Teil mit christlichen Motiven verbunden wurden.

Hier ist der intensivste Einfluss asiatischer Religion in der westlichen Welt entstanden, dem sich bis heute nicht wenige Menschen anschließen. Zumal die anthroposophischen Kindergärten und Schulen (unter der Bezeichnung «Waldorfschulen») von erheblicher Bedeutung sind.

Auf die «Anthroposophische Gesellschaft» von Steiner beruft sich die sogenannte «Christengemeinschaft», die etwa 140 Gemeinden zählt und deren Mitgliederzahl auf weltweit etwa 35.000 geschätzt wird.

Dass ich nach meinem Tod noch einmal wiedergeboren werde, widerspricht dem christlichen Glauben

Gleichwohl widerspricht die anthroposophische Weltanschauung dem christlichen Glauben zutiefst. Was in der «Christosophie» Steiners aus dem biblischen Christus gemacht wurde, hat mit jenem nichts zu tun; ebenso wenig das Verständnis Gottes als «Geist» mit dem biblischen Gott der Liebe und seinem Heiligen Geist.

Dass man nach dem Tod wiedergeboren wird, steht elementar dem christlichen Glauben entgegen. Nach meinem irdischen Leben werde ich nicht wiedergeboren, sondern komme als Christ ins Paradies zu meinem Herrn Jesus Christus.

Der anthroposophische Kult in der «Menschenweihehandlung» der Christengemeinschaft hat weder mit der katholischen Messe noch mit der evangelischen Abendmahlsfeier, die uns am Auferstehungsleben Jesu teilhaben lassen, irgendetwas gemein. Das war Rudolf Steiner bewusst.

Dass man nach dem Tod wiedergeboren wird, steht elementar dem christlichen Glauben entgegen. Nach meinem irdischen Leben werde ich nicht wiedergeboren, sondern komme als Christ ins Paradies zu meinem Herrn Jesus Christus.

43. Impuls

Wir brauchen eine neue Reformation!

20. Sonntag nach Trinitatis

500 Jahre Reformation – was ist dazu im Gedenkjahr 2017 nicht alles geschrieben, geredet und veranstaltet worden!

Immer schon stand im protestantischen Deutschland die Person Martin Luthers im Mittelpunkt: Luther als Befreier aus dem Gefängnis der römischen Kirche unter dem Papst als Antichristen (1617); Luther als Befreier der Vernunft aus dem Gefängnis des Konfessionszwangs (1717); Luther als Vater der Aufklärung und zugleich als heldisches Vorbild im Kampf gegen die Franzosen (1817); Luther als Held der deutschen Nation (1917); und 2017 die Reformation als Kulturgut der Freiheit, aber Luther sei ein Judenhasser …

Allein, allein, allein

Würde man jedoch heute Luther selbst fragen können, worum es gehen muss, so würde er antworten: um die wahre Freiheit im Glauben an Gott, der uns Sünder durch seine

Gnade gerecht macht. Um die «Rechtfertigung der Gottlosen» *allein* durch die Gnade Gottes, *allein* durch den für uns gekreuzigten Christus, *allein* durch den Glauben an ihn.

Und er würde gewiss hinzufügen: Es geht auch fünfhundert Jahre nach dem Beginn der Reformation darum, dahin wieder zurückzufinden!

Immer geht es um Bekehrung der Herzen zu dem einen Gott im ehrlichen und vertrauensvollen Bekenntnis meiner Sünden, auf das er mit seiner Vergebung antwortet.

Gott ist der gerechte Richter

Aber was heißt «gerecht»? In unserer heutigen Sprache ist gemeint: das, was einen guten Richter auszeichnet, der jeden genau nach dem beurteilt, was er getan oder zu tun versäumt hat, der also alle nach dem gleichen Maß bemisst.

Unbestechlich muss ein gerechter Richter sein und ohne jedes Vorurteil. Dass so eine verlässlich «gerechte» Justiz in einem Rechtsstaat zum Frieden beiträgt, ist etwas, das jeder heute versteht und bejaht.

Aber ist Gott ein solcher gerechter Richter über alle Menschen? Ja, genau darum geht es: Über allem, was in unserer Welt über Programme der «Gerechtigkeit» gestritten wird, gibt es eine Macht der Gerechtigkeit, die wirklich Frieden schafft; einen Richter, der einen jeden Menschen ganz und gar durchschaut.

Aber der Wille, der ihn in seiner Gerechtigkeit leitet, ist ein ganz anderer: Nicht verurteilen will Gott, sondern Leben heilen; nicht Schuldige beschämen und aus der Gemeinschaft ausgrenzen, sondern sie von ihrer Schuld befreien und ihnen ihre Ehre in der Gemeinschaft neu geben.

Jesus ist die Vollendung der Gerechtigkeit Gottes

So hat Gottes Gerechtigkeit bereits in den Zeiten des Alten Testaments gewirkt. Einen Bund hat er mit Israel geschlossen und jeden Bruch vonseiten seiner Erwählten immer wieder vergeben – auch wenn Gott über jeden Treuebruch zürnt, sonst wäre seine Gerechtigkeit eine laue Sache ohne Glaubwürdigkeit.

Aber sie siegt nicht darin, dass Gott die Sünder dem Verderben überlässt, sondern darin, dass die Liebe seinen Zorn überwindet (2. Mose 34,6f.).

Gottes Gerechtigkeit hat sich schließlich in Jesus Christus als Allmacht der Liebe vollendet und seinen Bund mit Israel auf alle Völker erweitert.

Gott hat seinen Sohn einen Menschen werden lassen, um für immer in unserer Mitte gegenwärtig zu sein.

Er hat ihn den Tod sterben lassen, dem alle Menschen durch ihre Sünde verfallen sind, um uns von dieser Todeswirklichkeit zu befreien.

Und er hat ihn aus seinem Tod zu ewigem Leben auferweckt, um uns an diesem endgültigen Sieg seiner Gerechtigkeit teilzugeben.

Paulus fasst dieses «Evangelium» (1. Korinther 15,3ff.) in dem triumphalen Satz zusammen: «Gott hat seine Gerechtigkeit erwiesen [‹offenbart›] als seine Gnade, die sich im Tod seines Sohnes für uns verwirklicht hat» (Römer 3,21–26).

So ist Gott gerecht, indem er den Sünder, der an Christus glaubt, gerecht macht (Römer 3,26; 2. Korinther 5,17–21; Galater 3,13f.).

Das alles wird heute in vielen Predigten und Lehrentscheidungen unserer evangelischen Kirche so modern zurechtgedeutet und ist vielfach auch ganz verloren gegangen, dass uns Luther heute dringlich dazu aufrufen würde, unsere Kirche von Grund auf ganz neu zu reformieren!

Würde man jedoch heute Luther selbst fragen können, worum es gehen muss, so würde er antworten: um die wahre Freiheit im Glauben an Gott, der uns Sünder durch seine Gnade gerecht macht. Um die «Rechtfertigung der Gottlosen» *allein* durch die Gnade Gottes, *allein* durch den für uns gekreuzigten Christus, *allein* durch den Glauben an ihn.

44. Impuls
Was sind Heilige?

21. Sonntag nach Trinitatis

«Aller Heiligen» gedenkt man am 1. November nur in der katholischen Kirche. Aber auch evangelische Christen können das Gleiche tun. Denn im Neuen Testament werden alle getauften Christen «Heilige» genannt.

Man vergleiche, wie Paulus die Gemeinde in seinen Briefen anredet und sich verabschiedet. So heißt es zu Beginn seines zweiten Briefes an die Gemeinde im griechischen Korinth: «Paulus … an die Gemeinde Gottes in Korinth samt allen Heiligen in Achaja».

Warum sind wir alle Heilige? Weil der Geist Gottes selbst uns allen an seiner Heiligkeit teilgibt (Epheser 3,16–19) – schon in unserem Zusammenleben in der irdischen Kirche und ganz gewiss nach unserem Tod, wenn wir durch seine Gnade in die himmlische Kirche unseres Herrn und Heilands Jesus Christus aufgenommen werden.

Eine spezielle Heiligsprechung gibt es in der Bibel nicht

Wenn nun in der katholischen Kirche Christen selig- oder heiliggesprochen werden, wird damit ein geistlich bedeutsamer Unterschied zu uns «normalen» heiligen Christen vorausgesetzt. Dieser Unterschied aber ist mit der Heiligen Schrift nicht zu begründen. Kirchliche Leitungsorgane im Vatikan können eigentlich nicht beschließen, welche Christen die Kirche in ihren Gottesdiensten um ihre Fürbitte anrufen darf.

Die Rolle der Märtyrer

Freilich können auch wir evangelischen Christen dem seit den ersten Verfolgungszeiten der Alten Kirche geltenden Urteil, dass die als Märtyrer Gestorbenen unter den Heiligen an erster Stelle stehen, sehr wohl zustimmen.

Das gilt in Lübeck – wo ich lebe – für die drei katholischen Priester, die zusammen mit einem evangelischen Pfarrer durch die nationalsozialistische Justiz ermordet worden sind, in einer höchst lebendigen ökumenischen Gemeinschaft aller hiesigen Kirchengemeinden: Dass die drei katholischen Märtyrer durch römisches Urteil seliggesprochen worden sind und der evangelische nicht, stellt für die Christen Lübecks die Gemeinschaft der vier Märtyrer überhaupt nicht infrage.

Warum sind wir alle Heilige? Weil der Geist Gottes selbst uns allen an seiner Heiligkeit teilgibt – schon in unserem Zusammenleben in der irdischen Kirche und ganz gewiss nach unserem Tod, wenn wir durch seine Gnade in die himmlische Kirche unseres Herrn und Heilands Jesus Christus aufgenommen werden.

45. Impuls

Es läuft alles auf das letzte Heil und Gericht zu!

Drittletzter Sonntag des Kirchenjahres

Als Christen wissen wir, dass wir nach unserem irdischen Ende in der Gemeinschaft mit Jesus Christus ewig leben werden. Der Heilige Geist lässt uns schon jetzt daran teilhaben – und zwar besonders im heiligen Abendmahl.

Ich erlebe davon aber auch etwas in der Liturgie des lutherischen Gottesdienstes. An jedem Sonntag erfahre ich so die Wirkung des Geistes neu und gehe erfüllt mit dieser Freude in die Arbeit der folgenden Woche hinein.

Wir sollten allerdings nicht vergessen oder übersehen, dass im Geschehen am Ende der Zeit auch das letzte, endgültige Gericht seinen wichtigen Ort hat.

Ich betone das, weil viele Christen heute darüber hinwegleben, als gäbe es für sie kein Gericht. Doch Jesus selbst hat mehrfach mit großem Ernst darauf hingewiesen, dass nicht nur alle Menschen, die je auf Erden gelebt haben, sondern mit ihnen zusammen auch wir Christen – jeder Einzelne persönlich – vor Christus als dem letzten Richter stehen und vor ihm alles zu verantworten haben werden, was wir in unserem irdischen Leben getan und unterlassen haben.

Es gibt einen doppelten Ausgang

Es wird da nicht nur lobende Anerkennung und Aufnahme in die Heilsgemeinde geben, sondern auch Verurteilungen und den entsprechenden Ausschluss vom Reich Gottes (Matthäus 25,31–46).

Gewiss: Da wird alles Gute, das einer getan hat, als von Gottes Gnade ermöglicht erkannt werden, so dass keiner sich selbst loben kann und darf (Lukas 18,10–14). Dadurch wird aber das Gewicht persönlicher Verantwortung unseres Tuns nicht gemindert. Beides gilt unmittelbar zusammen.

Wen der Richter wird verurteilen müssen, der hatte in seinem irdischen Leben die gleiche Chance, die Vergebung Jesu zu empfangen, wie der, dem Christus die Aufnahme in seine ewige Heilsgemeinde zusprechen wird. Ausgeschlossen wird nur der, der die Vergebung ausgeschlagen und bis zu seinem Tod dem Willen der Gnade Gottes zuwidergehandelt hat.

Da jedoch Gott von sich aus keinem Menschen die ewige Vernichtung zusprechen will, dürfen wir ihn auch für die Bösesten bitten, er möge sie durch die wunderbare Kraft seines Geistes dazu bewegen, auf Erden die letzte Heilschance nicht abzulehnen.

46. Impuls

Was zum Bußtag zu bekennen ist

**Vorletzter Sonntag des Kirchenjahres,
Buß- und Bettag**

Entstanden ist der Buß- und Bettag als Tag öffentlichen Bekenntnisses der gemeinsamen Schuld des Jahres. Geblieben ist allenfalls ein Gedenken der persönlichen Schuld einzelner Christen. Die öffentliche Bedeutung ist weithin verschwunden.

Seit 1995 ist dieser Tag kein Feiertag mehr – nur im Freistaat Sachsen sorgten christliche Landtagsabgeordnete dafür, dass er bestehen blieb. Der arbeitsfreie Tag war ansonsten überall gestrichen worden, um die Mehrbelastung der Arbeitgeber durch die neu geschaffene Pflegeversicherung auszugleichen.

Doch es gibt starke Gründe für eine Wiedereinführung im ursprünglichen Sinn. Die Verbrechen der nationalsozialistischen Zeit dürfen im heutigen Deutschland genauso wenig vergessen werden wie die Verbrechen des SED-Regimes in der DDR.

Welche Schuld heute zu bekennen wäre

Einfach ist es für Christen nicht, darauf zu vertrauen, dass Gott allen an den Verbrechen – besonders den zahllosen Morden an den Juden – Beteiligten vergeben habe und im Endgericht vergeben wird. Waren sie nicht alle aktive Diener des Satans? Dass Juden noch heute betonen, dass es für sie keine Möglichkeit zur Vergebung gebe, ist gut zu verstehen.

Aber es gibt ja – über die persönliche Schuld hinaus – auch für uns heutige Deutsche Schuld, die nicht nur in Reden von Politikern oder in Zeitungsartikeln benannt, sondern auch im Gottesdienst unserer Kirchen bekannt zu werden wichtig wäre: zum Beispiel die unmäßig hohen Gehälter, die in manchen Geschäftszweigen üblich geworden sind und dazu beitragen, dass die Differenzen zwischen Arm und Reich immer größer werden.

Aber auch die wachsende Ablehnung von Hilfen für die Millionen von Flüchtlingen, in deren Heimatländern grausame, hasserfüllte Kriege alles zerstören, was ihr Eigentum war. Dazu kommt die hunderttausendfache Tötung von Kindern im Mutterleib, über die leider auch in den evangelischen Kirchen weithin geschwiegen wird. Überall ist Buße, also Umkehr, *not*-wendig.

Nicht zuletzt aber enthält der Buß- und Bettag einen Ruf zur Umkehr für uns persönlich: Haben wir alle in diesem Jahr beispielsweise den biblischen «Zehnten» für die Versorgung von Notleidenden gespendet? Ich bin sicher: Die Frage stellt Christus an jeden von uns.

Was die Kirchen büßen sollten

Er richtet sie aber auch an die für die Leitung unserer Landeskirchen Verantwortlichen. Mindestens zwei Beschlüsse sind von ihnen gefasst worden, die der Wahrheit des biblischen Zeugnisses klar widersprechen: die Einführung einer gottesdienstlichen Segnung ehewidrig lebender Paare und das Verbot, Juden das zuerst für sie geltende (Römer 1,16) Heilshandeln unseres gemeinsamen Gottes in seinem Sohn Jesus Christus zu bezeugen (also das Verbot der Mission unter Juden).

47. Impuls

Wir erleben schon jetzt Ewigkeit

Letzter Sonntag des Kirchenjahres, Ewigkeitssonntag

Am letzten Sonntag des Kirchenjahres ist die zukünftige Ewigkeit das Thema.

Manche Christen verbinden damit die Erfüllung ihrer Sehnsucht nach Ruhe und Frieden: Ruhe nach all der Unruhe und Rastlosigkeit ihrer irdischen Lebenszeit und Friede nach all der Friedlosigkeit in ihrem persönlichen Leben und vor allem den blutigen Kriegen in unserer gegenwärtigen Welt.

Ewigkeit aber ist nicht eine zeitlose Alternative zur Unruhe der Zeit. Denn im biblischen Verständnis handelt es sich ganz und gar um Gottes Ewigkeit, und die ist die Vollendung seiner Geschichte mit seinem Volk und seiner Kirche.

Gewiss beginnt sie nach dem Ende aller menschlichen Zeit mit all ihren Sorgen und Nöten. Aber während diese mit dem Tod endet, beginnt Gottes Ewigkeit mit der Auferstehung der Toten durch die Allmacht der Liebe Gottes.

Das Abendmahl ist bereits ein Vorgeschmack

Auferstehung als Auferweckung durch Gott – das ist das Wunder der zukünftigen Endzeit, auf das wahrer Glaube hofft: Gott wird uns aus dem endlosen Todesschlaf aufwecken, uns in eine ganz neue Existenz hineinrufen.

Nicht eine Erhebung unserer unsterblichen Seele in himmlische Ruhe ist es, wie viele irrigerweise wähnen, sondern ein Neuwerden unserer ganzen Person – einschließlich unseres Leibes, den Gott genauso neuschaffend verwandeln wird wie auch unsere Seele.

Auferweckung der Toten wird in derselben Weise ein totales Wunder Gottes sein, wie es die Vergebung der Sünden in unserem irdischen Leben ist. Wenn Gottes Gnade uns hier und jetzt Vergebung als Heilung unseres Lebens schenkt, so ereignet sich darin bereits im Voraus Gottes heilschaffende Liebe der Endzeit.

Die glückselige Freude, mit der wir nach dem Empfang von Leib und Blut Christi im heiligen Abendmahl die Kirche verlassen und in die neue Woche hineingehen, ist ein Vorgeschmack der Heilsfreude, in die wir durch unsere Auferweckung in die Nähe unseres Heilands eintreten dürfen.

So dürfen wir sterben

Der Geist, der in dieser Gemeinde des Reiches Gottes herrschen wird, ist der Heilige Geist, der schon im Wirken Jesu die Macht war, mit der er die Macht des Satans je und je gebrochen und Jesus selbst mit seinem himmlischen Vater geeint hat.

Auf diese Zukunft des Reiches Gottes gerichtet leben wir und dürfen sterben in der Gewissheit, dass der drei-eine Gott uns in die ewige Gemeinschaft seiner Heiligen aufnehmen wird.

Auferstehung als Auferweckung durch Gott – das ist das Wunder der zukünftigen Endzeit, auf das wahrer Glaube hofft: Gott wird uns aus dem endlosen Todesschlaf aufwecken, uns in eine ganz neue Existenz hineinrufen.

Nicht eine Erhebung unserer unsterblichen Seele in himmlische Ruhe ist es, wie viele irrigerweise wähnen, sondern ein Neuwerden unserer ganzen Person – einschließlich unseres Leibes, den Gott genauso neuschaffend verwandeln wird wie auch unsere Seele.

Der Autor

Ulrich Wilckens (* 5. August 1928 in Hamburg) ist emeritierter Professor für Neues Testament und war von 1981 bis 1991 Bischof des Sprengels Holstein-Lübeck in der Nordelbischen Evangelisch-Lutherischen Kirche.

Wilckens studierte in Heidelberg und Tübingen evangelische Theologie und war 1953–1955 im Pfarrdienst tätig. 1958–1960 lehrte er Neues Testament an der Evangelisch-Theologischen Fakultät der Universität Marburg. 1960–1968 war er Professor für Neues Testament an der Kirchlichen Hochschule Berlin. Anschließend folgte eine Lehrtätigkeit als Professor für Neues Testament am Fachbereich Evangelische Theologie der Universität Hamburg. 1981 bis 1991 war er Bischof des Sprengels Holstein-Lübeck in der Nordelbischen Evangelisch-Lutherischen Kirche. Infolge einer schweren Krebserkrankung musste er auf eine Wiederwahl als Bischof verzichten. Nach seiner Gesundung konnte er aber sein theologisches Schaffen erneut intensiv betreiben.

Seit 1955 ist er mit der Pastorin Inge Wilckens (* 1925 in Memel) verheiratet.